铁路旅客车站导向标志系统设计指南

铁道部运输局　编

中　国　铁　道　出　版　社

2010年·北　京

图书在版编目(CIP)数据

铁路旅客车站导向标志系统设计指南/铁道部运输局编.—北京:中国铁道出版社,2010.5
ISBN 978-7-113-11160-1

Ⅰ.①铁… Ⅱ.①铁… Ⅲ.①铁路车站:客运站-标志-设计-指南 Ⅳ.①U291.6-62

中国版本图书馆 CIP 数据核字(2010)第 037229 号

书　　名:铁路旅客车站导向标志系统设计指南
作　　者: 铁道部运输局　编

责任编辑: 吴　军
封面设计: 崔丽芳
责任校对: 张玉华
责任印制: 陆　宁

出版发行: 中国铁道出版社（100054，北京市宣武区右安门西街 8 号）
网　　址: http://www.tdpress.com
印　　刷: 中国铁道出版社印刷厂
版　　次: 2010 年 5 月第 1 版　2010 年 5 月第 1 次印刷
开　　本: 880 mm×1 230 mm　1/16　印张: 10.75　字数: 347 千
印　　数: 1 ~ 5 000 册
书　　号: ISBN 978-7-113-11160-1
定　　价: 60.00 元

主　　编：

何华武

副 主 编：

詹子宁　王　培　赵　奕　米　隆

主要编写人员：

刘晨光　宁　斐　滑　蓉　崔　艳

陈滋顶　王哲浩　汪　洋　卢　瑛

白　冉　孙　琴　贾丽娴　邵晓峰

刘昌明　鲁晓波　范志刚　蔡　云

编制单位：

铁道部运输局

主要参编单位：

铁道第三勘察设计院集团有限公司

清华大学

国新标识有限公司

易程科技股份有限公司

主要会审单位：

铁道部科学技术司、建设管理司、工程设计鉴定中心

前言

党的十六大以来，铁道部党组坚持科学发展观，大力推进和谐铁路建设，紧紧抓住铁路难得的黄金发展机遇期，掀起了大规模的铁路建设高潮。根据2008年调整后的《中长期铁路网规划》，到2012年，以新建的1.3万公里客运专线为骨干，我国快速旅客运输网将初步形成；同时，将新建和改造500余座功能完善、节能环保、与地域文化有机融合的现代化新型旅客车站。按照“功能性、系统性、先进性、文化性、经济性”的要求，新型旅客车站在承担传统铁路车票销售和乘降服务等功能的同时，一方面将突出综合交通枢纽的功能，另一方面强调以人为本的服务理念、丰富实用的餐饮商业和功能完善的旅客活动空间。

车站导向标志系统作为现代化旅客车站的重要组成部分，在体现车站智能化、自动化和自助式服务等方面承担着重要作用。为旅客提供准确、简单、快捷、明晰的旅客导向服务，树立统一的现代化铁路旅客车站的良好形象，有必要统一和规范铁路旅客车站导向标志系统设计。

《铁路旅客车站导向标志系统设计指南》是在广泛技术交流的基础上，借鉴国内外相关行业导向标志系统设计应用情况，总结京津城际铁路北京南站、天津站导向标志系统设计及实施方面的经验，结合中国铁路旅客车站的发展特点，以服务旅客为中心，按照科学合理、明晰易辩、视觉美观的基本要求，经过深入的论证研讨，在铁道部运输局的主持下，组织路内外有关单位的专家编制而成。

《铁路旅客车站导向标志系统设计指南》依据国家和铁道部有关技术标准和规范，规定了设计指南的适用范围、术语名词和设计原则，以图示和文字相结合的方式，对标志系统布点、版面设计、设施设置，以及制作工艺结构进行了说明，并对各类标志在旅客车站的运用进行了示例详解，体现了公共信息导向系统相关国家标准在铁路系统的合理应用，可作为铁路旅客车站导向标志系统设计、建设、应用和管理的重要依据。

二〇〇九年十二月

目　录

一、总　则

1　适用范围

《铁路旅客车站导向标志系统设计指南》是严格执行公共信息导向系统的相关国家标准编写的。为了更好地指导公共信息导向系统的相关国家标准在铁路旅客车站导乘标志建设过程中的合理应用，增强标准的实用性，在遵循国家标准规定的导向要素设计原则和要求的基础上，结合铁路旅客车站在旅客导向方面的客观需求，参考一线人员长期的实践经验，灵活掌握各项标准尺度，为铁路旅客车站导乘标志的规划设计制定出了这套规范性实操指南。指南仅在导乘标志的设计方面指导和规范铁路旅客车站的建设，有关动态信息、安防、消防、布线和通风等方面的具体建设标准，应按国家及铁道部的相关规定执行。

---

a）涉及国境站、口岸站等特殊铁路旅客车站的导向标志系统应相应增加海关、边防检查、卫生检疫和动植物检疫等内容，导向标志外形及尺寸应参考本指南制定，版面信息布置应另行设计，并报铁道部有关部门批准。

b）在实行民族自治的区域，铁路旅客车站的导向标志版面信息应增加少数民族语言文字的表述内容，具体依据国家《语言文字法》、《民族区域自治法》和《地名标牌城乡》（GB 17733.1—1999）等法律和标准制定，并征询省、自治区政府有关部门的意见。

c）铁路旅客车站消防安全标志的设置应符合现行国家标准《消防安全标志》（GB 13495）和《消防安全标志设置要求》（GB 15630）的有关规定。站房内疏散标志应按现行国家标准《建筑设计防火规范》（GB 50016）的有关规定进行设置。

d）铁路旅客车站内有关揭示、揭挂的内容应遵照铁道部已发布的相关规章、标准执行，本指南中不再涉及。

2 术语与名词

2.1 标志系统

标志系统根据标志设置的目的和作用的不同，可分为两大部分：流程类标志和非流程类标志。根据标志承载信息类型的不同，可分为四类：导向标志、位置标志、综合信息标志、禁止提示标志。

2.2 流程类标志

根据旅客在站内的主要活动方式，划分为进站乘车、下车出站、中转及接站流程，能够满足旅客活动流程的必要信息都归属于流程类，对应的标志系统即为进站导向标志系统和出站导向标志系统。如：售票处、候车区域、站台、出站口等场所的导向标志和位置标志。

2.3 非流程类标志

非流程类标志指旅客在进站上车和下车出站两大流程中所需要的服务类信息，包括公共服务系统和应急逃生系统。如：卫生间、无障碍电梯、饮水处等公共服务设施的导向标志、位置标志、禁止提示标志。

2.4 导向标志

导向标志是指示进出站旅客行进的路线、方向的标志。导向标志承载着旅客目的地方向的指示信息。

2.5 位置标志

位置标志是表示车站功能区域具体位置的标志。位置标志承载着旅客目的地位置的告知信息。

2.6 综合信息标志

综合信息标志是各区域相互位置间的图解信息标志及告知旅客行动的必要条件、附带条件的信息标志，使旅客清晰地了解车站的整体布局、车站周边信息及行动所需条件。

2.7 禁止提示标志

禁止提示标志是揭示旅客应被禁止的行为，以及易造成危险、伤害等不恰当的行为，提示旅客行为规范的标志。

3　标志系统设计原则

为实现整体布局、合理引导、明晰易辨、快速进出的导向系统设计目标，为旅客提供人性化导向服务，旅客车站导向标志系统设计过程中必须执行以下原则：

3.1　标志本体的醒目性

标志本体的醒目性是标志本身的设置位置应显而易见，从环境中分离出来，使旅客在复杂的站区环境中易于发现导向标志本身。

标志设置位置应避免被其他固定物体遮挡，导向标志与广告应分离设置。

导向标志在夜间使用时，应保证有足够的照明和使用内置光源，方便旅客使用。

3.2　导向信息的易辨性

导向信息的易辨性是指在图形符号、中英文字、数字等彼此之间可分辨，它有赖于笔画粗细、字体形式，色彩对比，以及照明等条件来实现。同时图形、文字的间隔群组方式，行列间距、周边留白等版面设计也是导向信息易辨性的重要因素。

导向标志面板上的内容是向旅客传递信息的直接载体，标志本体的面板底色应与标志内容的色彩存在一定的色差和对比，易于旅客识别导向信息。

导向标志版面信息排版方式应首先考虑人体生理器官的特征及国民阅读习惯，导向标志版面信息以横向排版为主。

参考人体视觉在视野范围内的注意力不均衡的视觉特点，应把导向标志版面的左上部及中间偏上部分作为视觉优选区，将主要的导向信息和旅客最需要获取的信息排列在此位置，以达到“主动”传递信息的效果。

3.3　标志布局的合理性

标志必须设置在车站最合理的位置，能为旅客提供在此位置最需要的信息。

合理的标志设置方向应将标志本体的正面与主客流来向垂直设置。

从旅客所在位置至欲达目的地的距离，导向流程愈短愈好，流线改变方向(180°或90°)的次数愈少愈好。避免标志重复设置混淆旅客感观。

3.4　传递信息的连续性

为了保证进站乘车、下车出站旅客在进出站过程中不产生疑问，导向信息的连续表示是非常重要的。因此，导向标志系统的点位设置不能仅仅考虑某个标志的单体，而是要将前后的标志关联起来进行考虑，形成导向信息的前后呼应，同时在不同的导向流线各环节之间应保持连续一致，避免形成导向信息的断链。

在大空间内，在通道、区域没有明显分割的情况下，导向标志的设置应考虑旅客的合理视觉范围，在旅客视线范围内考虑复视设置。

3.5　标志系统的整体性

导向标志系统的设计应注重整体性。各类标志在材质、形式、规格、色彩等方面都要保持统一，形成一个较为稳定连贯的体系,以保证有效地引导客流连续移动。

二、标志系统布点指南

1 标志系统点位设置

1.1 旅客进出站流程

根据旅客行为目的的不同，铁路旅客车站内旅客的活动路线可分为进站乘车流程、下车出站流程、中转流程及接站流程。进出站流程中的各节点示意如下：

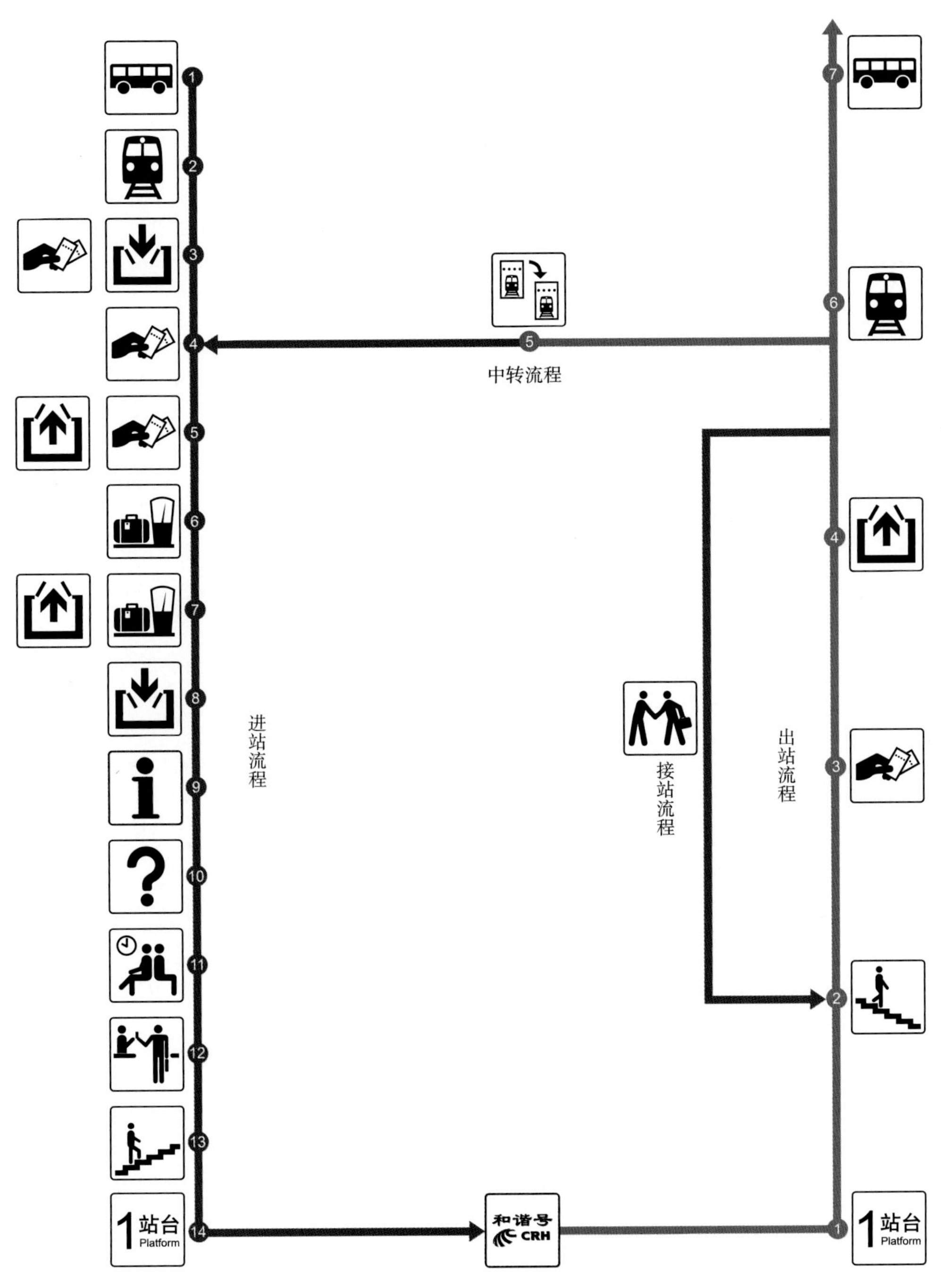

a） 旅客进出站流程节点示意图仅为示意说明，各旅客车站因站型不同，旅客进出站流线会有所区别，各站在参考使用本指南过程中，应因地制宜，做出具体调整。

1 标志系统点位设置

1.2 进站标志系统点位设置

❶ 铁路旅客车站主建筑物显眼位置应设置站名标志，为车站附近公共交通站点的来站旅客提供指示信息。
❷ 站前广场来站客流集中位置，应设置进站口、售票处、行包房、出站口等场所的导向标志。条件允许可设置车站的总平面示意图。
❸ 售票处入口上方应设置售票处位置标志。
❹ 售票处内应设置车站平面示意图。售票窗口、退票窗口和中转签证窗口应设置相应的位置标志。
❺ 售票处出口外侧应设置候车区、行包房等场所的导向标志。
❻ 行包托运处和行包提取处的入口上方应设置相应的位置标志。行包托运处和行包提取处内应分别设置行包托运流程图和行包提取流程图，宜设置车站平面示意图。
❼ 行包房出口外侧应设置候车区、售票处等场所的联络导向标志。
❽ 铁路旅客车站站房集散厅入口上方应设置进站口的位置标志。
❾ 集散厅内应设置综合信息标志，提供候车区域的导向信息及车站平面示意图等方面的信息。
❿ 车站内的公共设施，如问询处、公安值班、无障碍电梯、卫生间、饮水处、行李寄存、医务室、邮政等应设置相应的位置标志。
⓫ 如果候车区域空间是分隔开的，应设置相应的位置标志。不同候车区域的主要连接通道内应设置候车区域导向标志。
⓬ 检票口处应设置检票口的位置标志。
⓭ 进站通道内应设置站台导向标志。
⓮ 站台上应设置站台编号标志、站名标志。

1.3 出站标志系统点位设置

❶ 站台上应设置出站口导向标志及无障碍电梯位置标志。
❷ 出站通道内应设置出站口导向标志，并设置各站台的导向标志。
❸ 补票处应设置补票处位置标志。
❹ 出站检票口处应设置出站口位置标志，如大型综合交通枢纽站，出站口位置不在出站检票口处时，则出站检票口处设置“到达”位置标志。
❺ 出站检票口附近应设置分流导向标志；出站检票口外的适当位置应设置售票处、行包房、中转签证等场所的导向标志。
❻ 出站检票口外的适当位置应设置城区简明地图。
❼ 离站旅客流线上的适当位置应设置附近公共交通站点的导向标志，如地铁、公交、出租车、长途汽车等，条件允许可设置公共交通工具的运行线路图。

2 进出站导向标志流程

标志系统，目的是为旅客提供方便易懂的乘车指南，以旅客乘降为中心，提供检票口内外，站台等各个区域的综合信息。另外，在有公共服务设施的地方，也要给予引导。

2.1 进站导向标志

进站导向标志是为经购票、检票等环节，由通道进入站台乘车的旅客提供的。进站导向标志以蓝色为引导色。

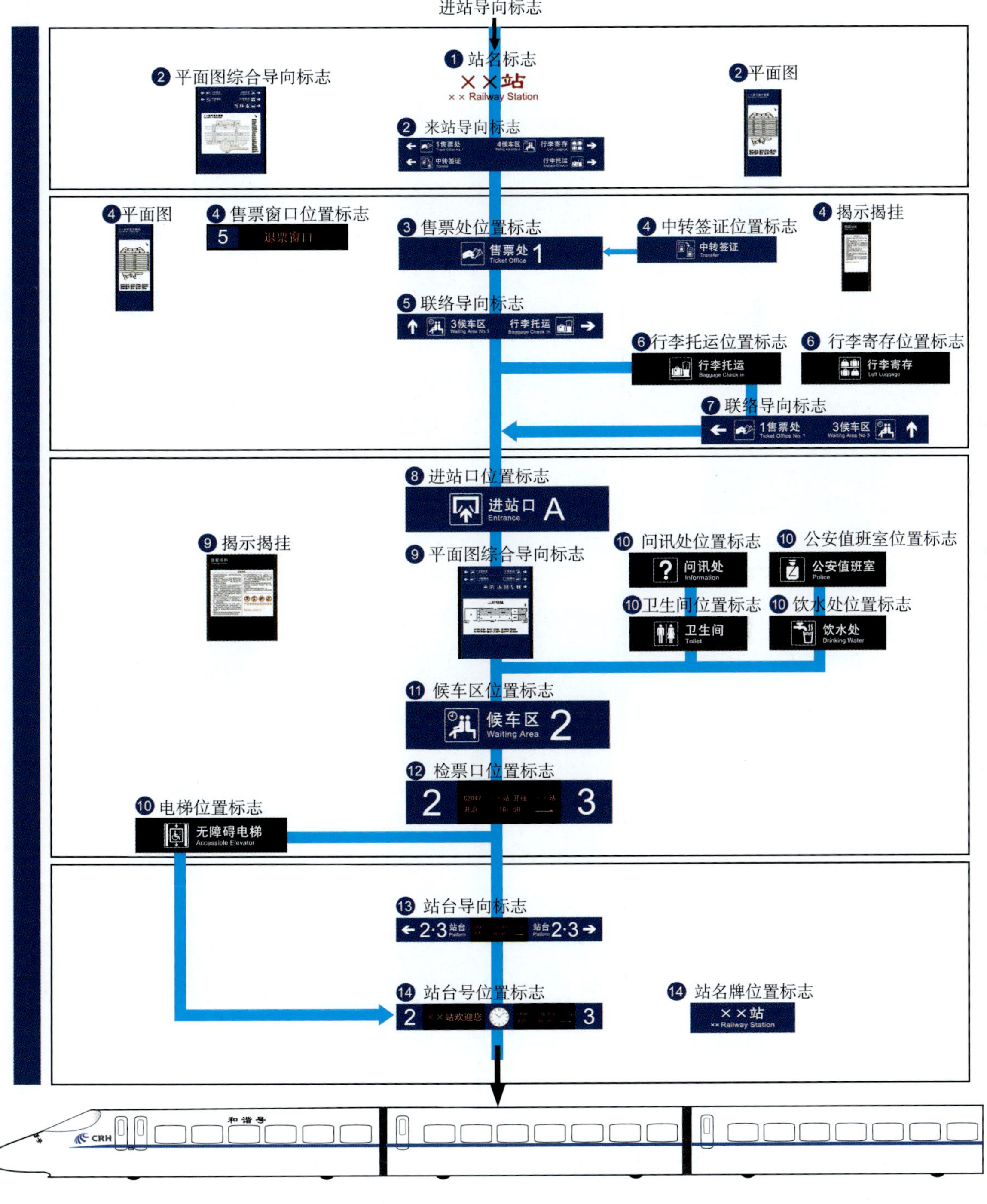

a）进出站流程图仅为通用图示，各站在参考使用本指南过程中，应根据不同站型和不同的旅客进出站流线来合理设计。

2 进出站导向标志流程

2.2 出站导向标志

出站导向标志，是为经通道至出站检票口出站或者换乘的旅客所准备的，并提供周边区域的主要信息与指南。出站导向标志以绿色为引导色。

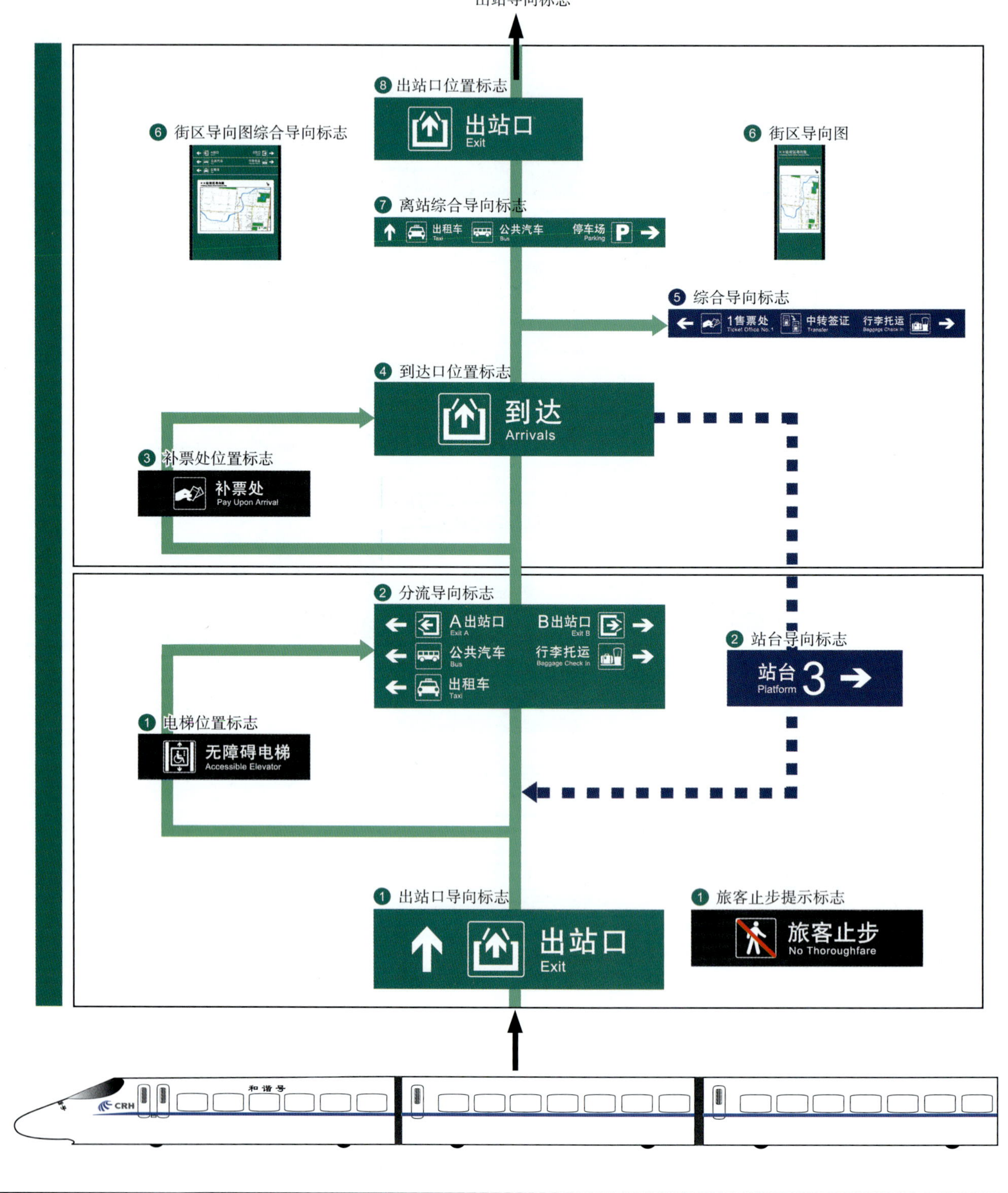

a） 图中蓝色虚线为接站流程示意。

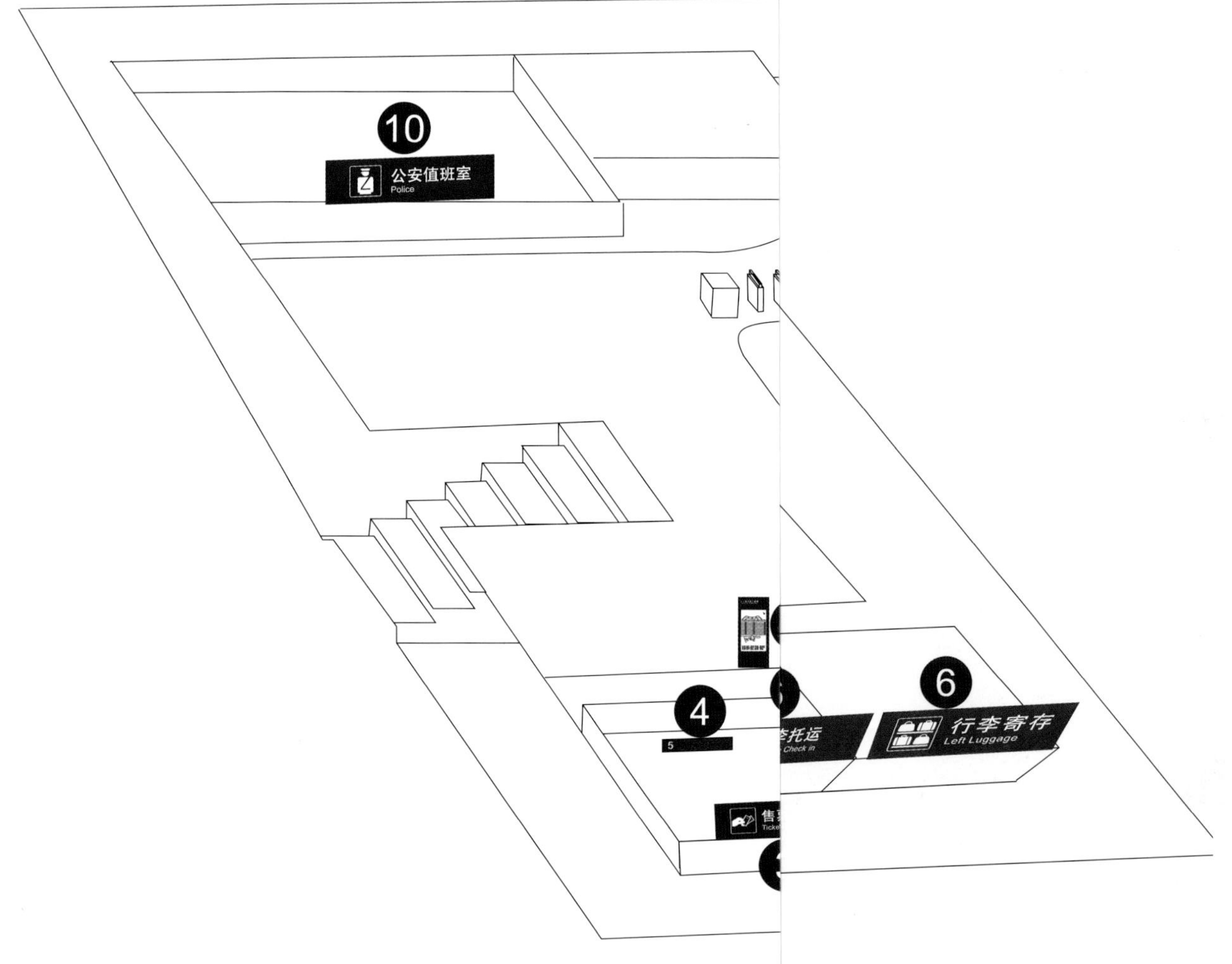

候车层

a) 进出站流程标志设置示例仅为示意说明，各铁路旅客车站因站型不同
使用本指南过程中，应因地制宜。出站流程标志设置示意图同此。

3 进出站流程标志设置示例

候车层

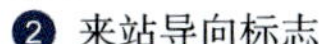

② 来站导向标志

② 平面图综合导向标志

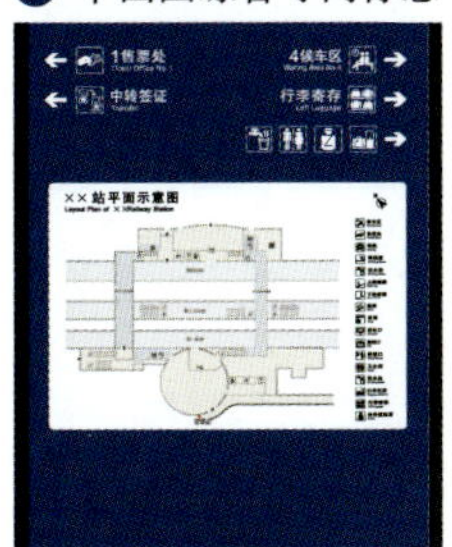

② 平面图

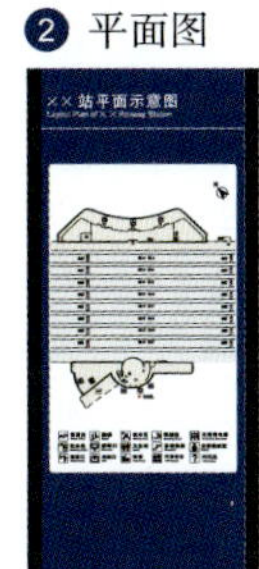

③ 售票处位置标志

④ 售票窗口位置标志

④ 揭示揭挂

④ 平面图

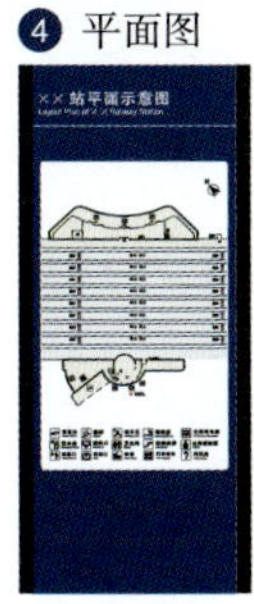

④ 中转签证位置标志

⑤ 联络导向标志

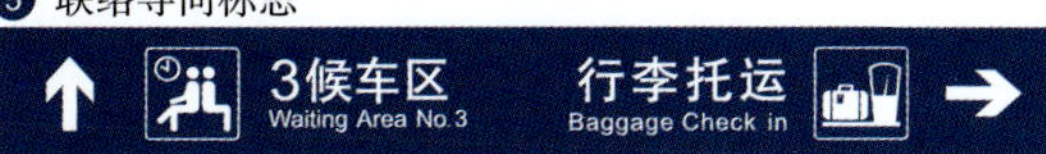

⑥ 行李寄存位置标志

⑥ 行李托运位置标志

⑦ 联络导向标志

⑧ 进站口位置标志

⑨ 平面图综合导向标志

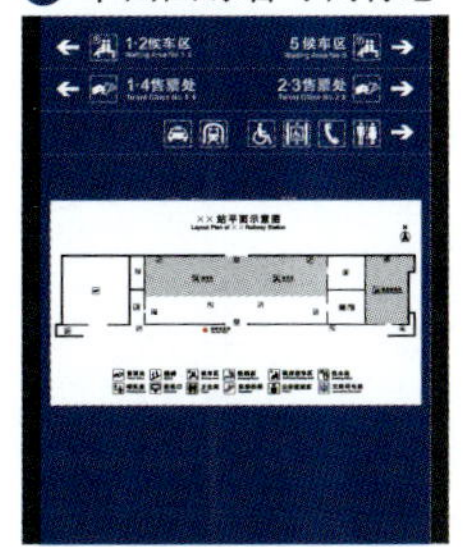

⑨ 揭示揭挂

⑩ 卫生间位置标志

⑩ 公安值班位置标志

⑪ 候车区位置标志

⑫ 检票口位置标志

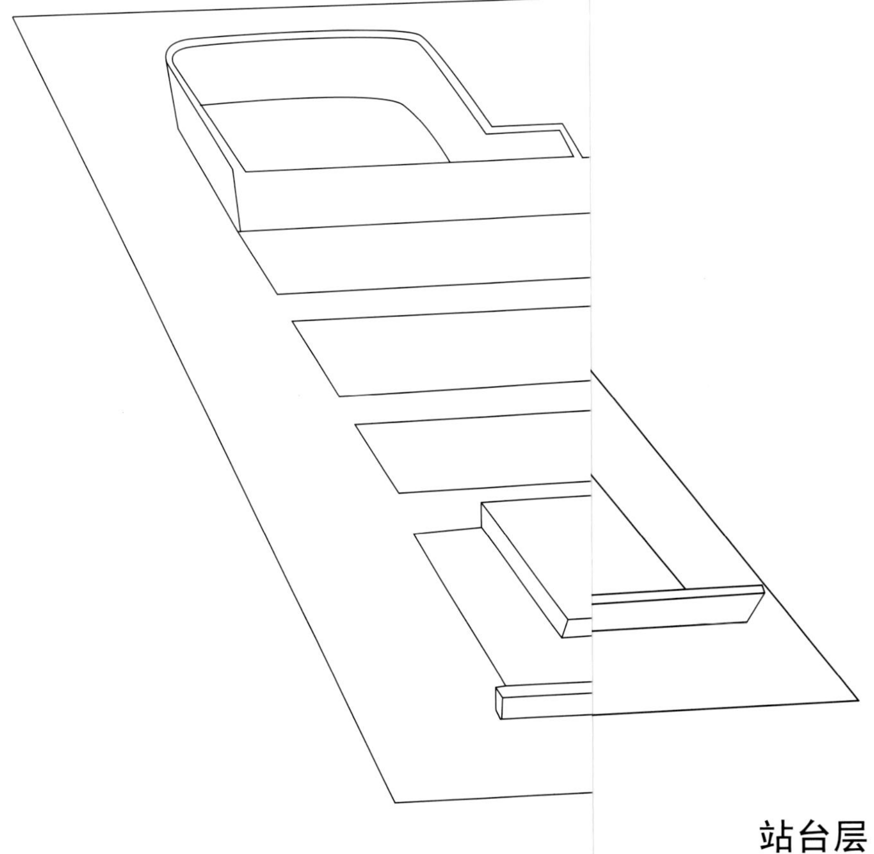

站台层

3 进出站流程标志设置示例

站台层

⑧ 进站口位置标志

⑩ 电梯位置标志

⑫ 检票口位置标志

⑭ 站台号位置标志

⑭ 站名牌位置标志

卫生间
Toilet
1站台
2站台
3站台
4站台
5站台
6站台
7站台
8站台
9站台
10站台
候车区
10
卫生间
Toilet

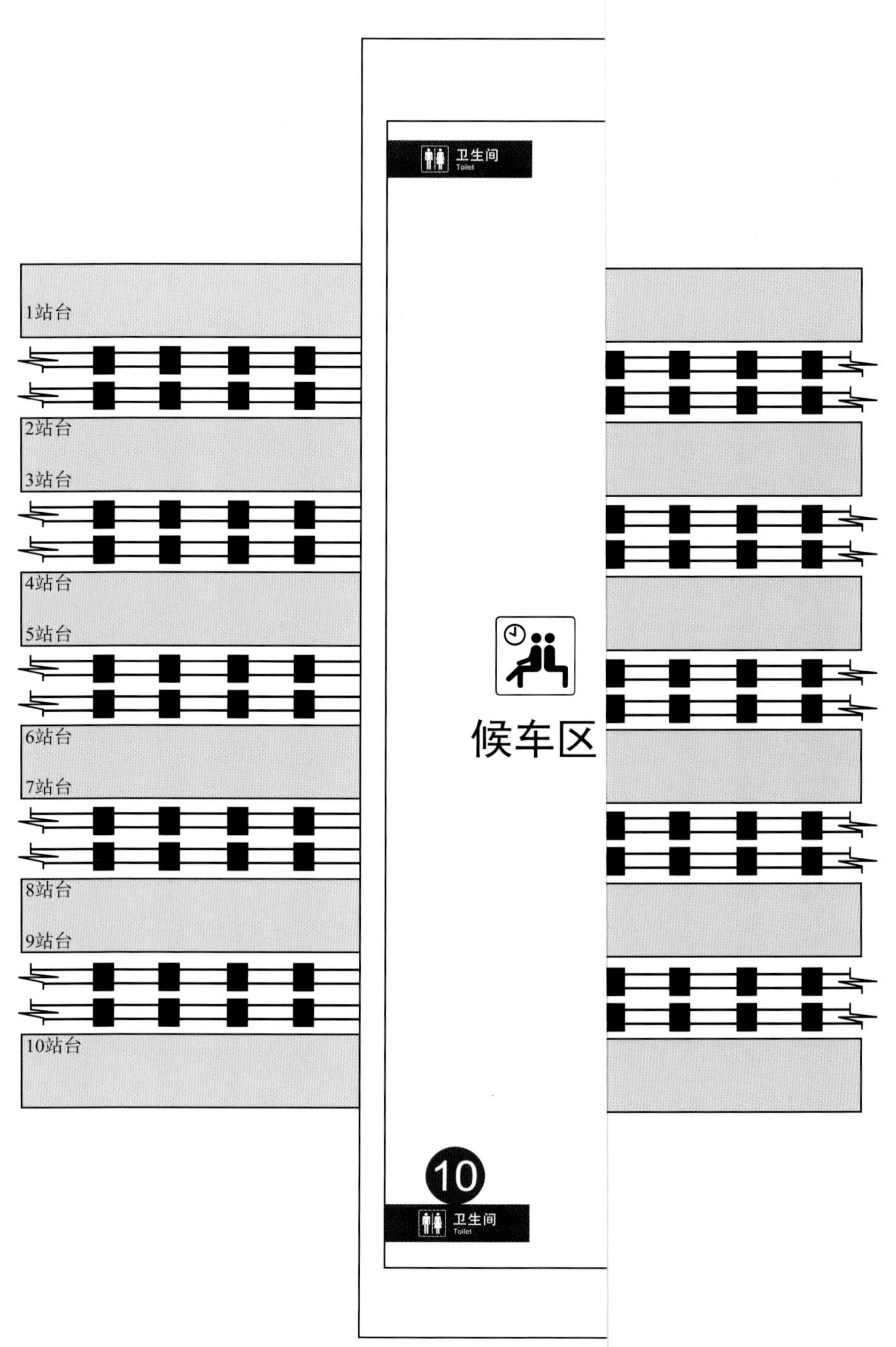

候车层

3 进出站流程标志设置示例

候车层

❷ 来站导向标志

❷ 平面图综合导向标志

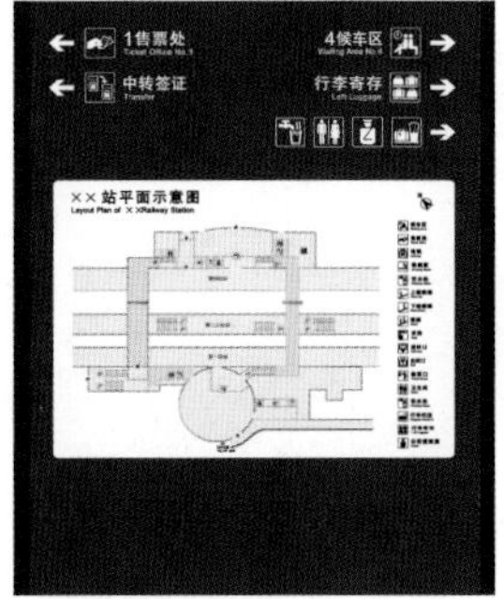

❷ 平面图

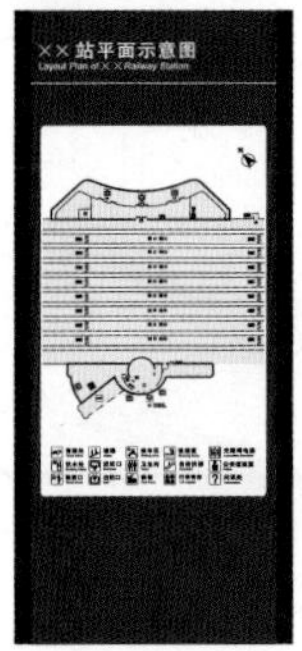

❸ 售票处位置标志

❽ 进站口位置标志

❾ 平面图综合导向标志

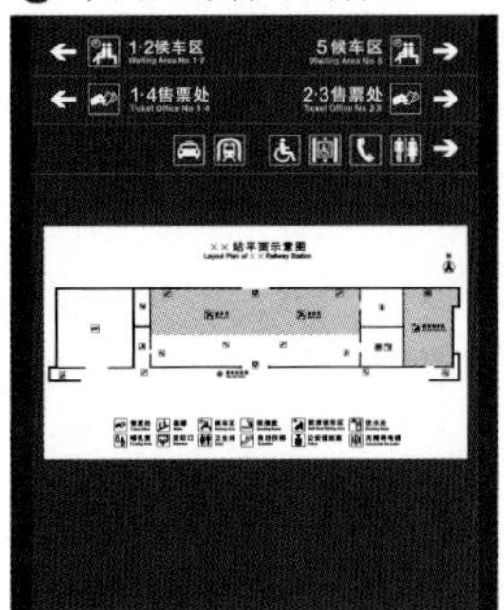

❿ 卫生间位置标志

⓬ 检票口位置标志

⓭ 站台导向标志

3 进出站流程标志设置示例

出站流程示意图

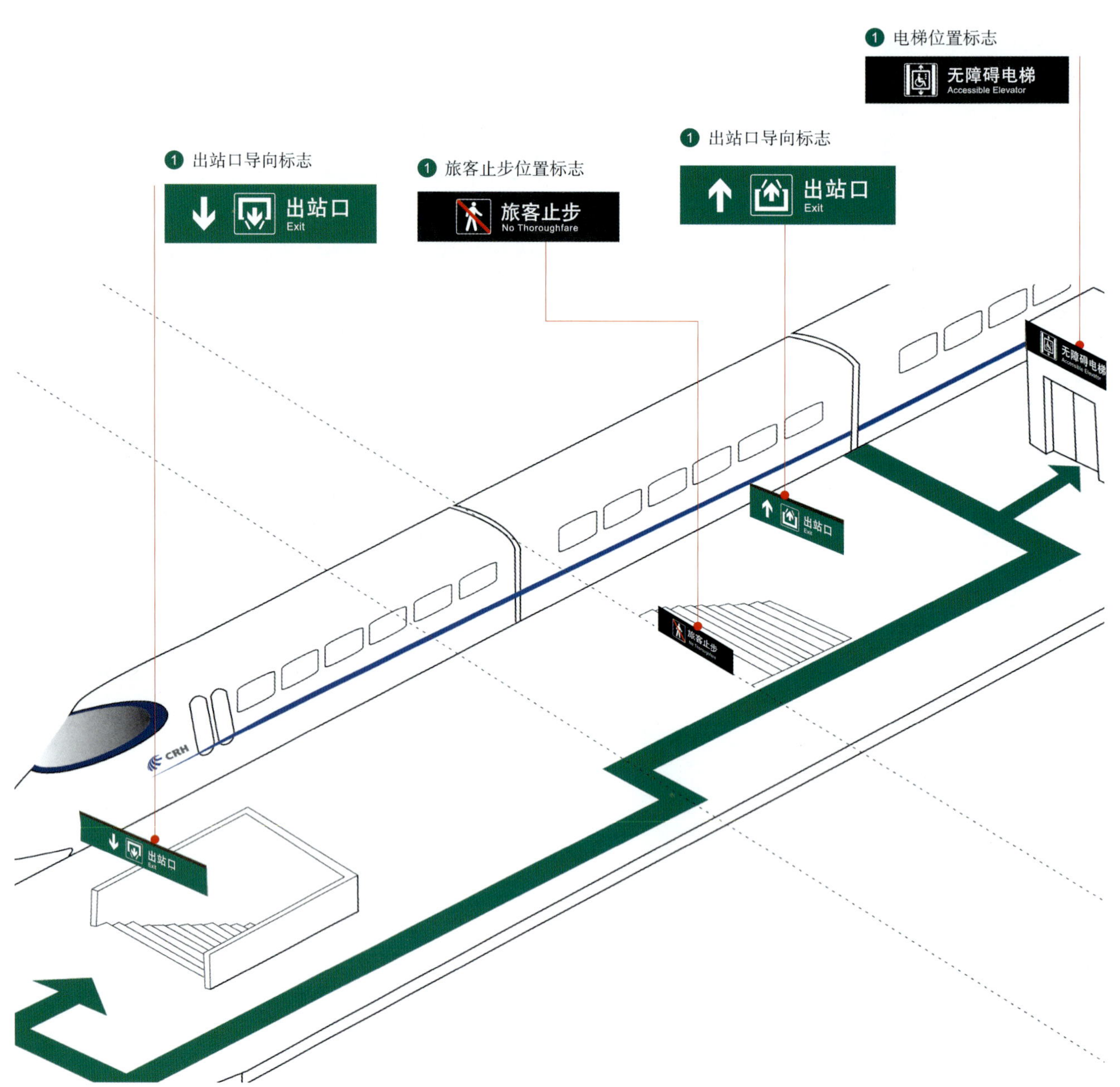

站台层

3 进出站流程标志设置示例

出站流程示意图

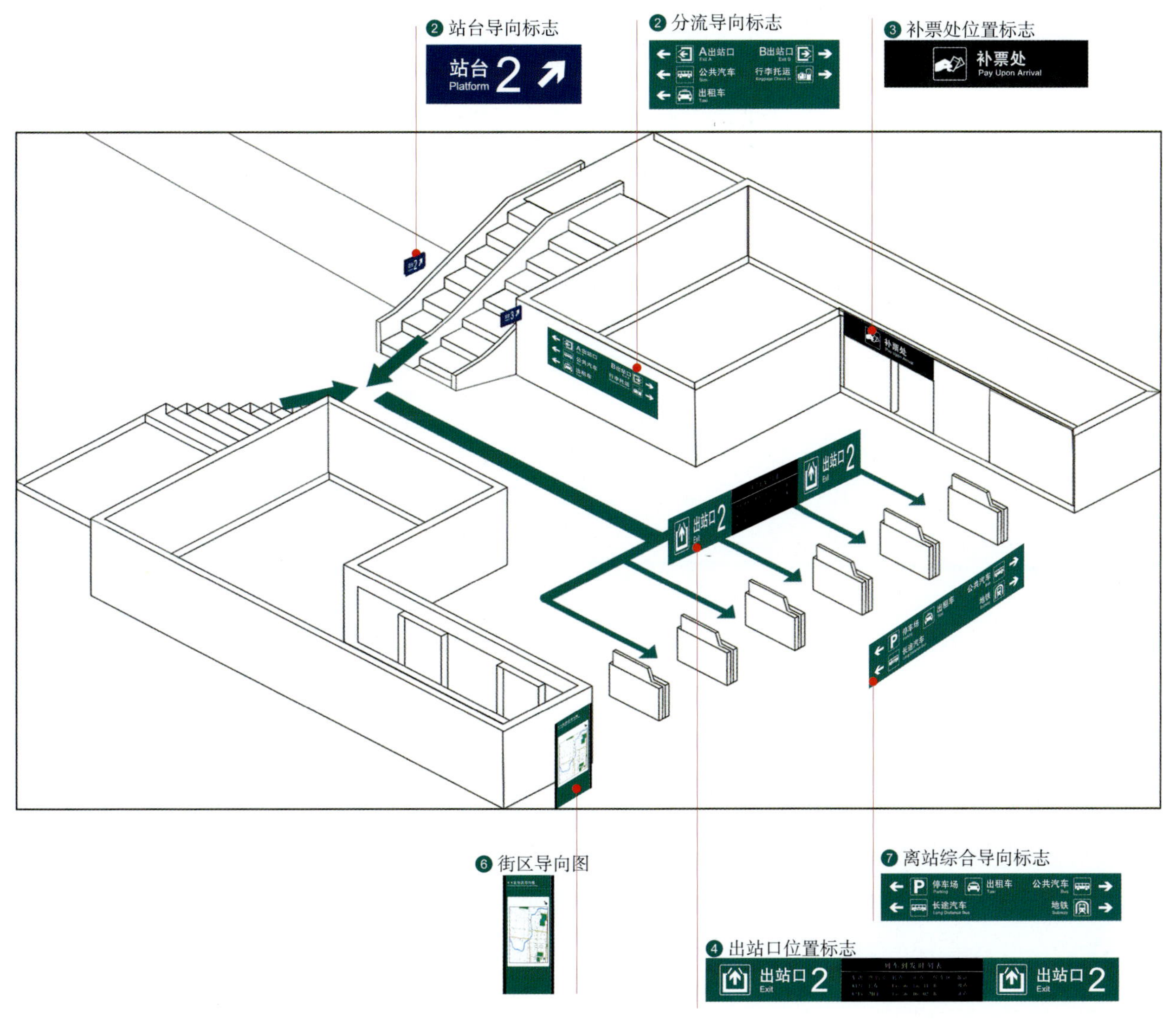

出站层

三、标志版面设计指南

1 标志色彩

a）进站色彩应用系统为蓝底白字。
b）出站色彩应用系统为青绿色底白字。
c）非导向流程类色彩应用系统为灰底白字。
d）安全疏散色彩应用系统遵照相关国家标准的规定为草绿色底白字。

标准色彩	应用说明
C100 M70 Y0 K30	主要用于旅客进站流程导向系统导向标志和复合式标志的底色。
	图例 售票处 Ticket Office 1
C100 M20 Y60 K20	主要用于旅客出站流程导向系统导向标志和复合式标志的底色。
	图例 出站口 Exit
C10 M0 Y0 K80	主要用于服务标志系统导向标志和复合式标志的底色。
	图例 补票处 Pay Upon Arrival
C0 M0 Y0 K0	主要用于流程导向系统和服务系统中的导向标志和复合式标志的图形及中英文字体用色。
	图例 售票处 Ticket Office 1
C70 M0 Y100 K0	主要用于旅客紧急安全疏散系统导向标志的用色，色彩应用遵照相关国家标准的规定。
	图例 紧急出口 Exit

2 标志字体

中国铁路旅客车站导向标志系统的字体设计依据GB/T 20501.2—2006中对字体的有关规定。

a）中文字体采用汉仪中黑简体。

b）英文字体采用国际通用的Arial Regular体。

c）数字采用Arial Regular体，中、英文共用数字显示。

字　　体	字体示例	应　用　说　明
中文字体 汉仪中黑简	售票处	● 中文字体选用汉仪中黑简体。 ● 通常情况下遵照模版排列。 ● 在字数多的特殊情况下容许适当调整字形比例，但缩窄变形比例不应小于80%。
英文字体 Arial Regular	Tickets	● 英文字体选用Arial Regular体。 ● 通常情况下用单词首字母大写方式。 ● 在字数多的特殊情况下容许适当调整字形比例，但缩窄变形比例不应小于80%。
图例	售票处 Ticket Office 1	
数字字体 Arial Regular	2　3	● 数字字体选用Arial Regular体。 ● 通常情况下遵照模版排列。 ● 不适于对字形比列进行调整。
图例	2 ××站欢迎您 C2047 ××站 开往 ××站 开点 16：50 3	

3 标志标准组合

3.1 在使用边框时，边框宽度应为图形符号尺寸（b）的0.015倍~0.03倍。

图1 图形标志的构成

3.2 图形标志与图形标志组合时，其中的一个图形标志是主标志，另一个图形标志对主标志的含义起到补充说明的作用，起补充说明作用的图形标志应位于主标志的右侧（见图2A）。

两个图形标志上的图形符号在外观上相近或经简单组合后会有歧义，则可添加竖线进行分隔，起分隔作用的竖线长度不应与标志边框相接（见图2B）。

图2 图形标志与图形标志组合的设计示例

3.3 文字标志位于图形标志的左侧或右侧时，文字单行或双行横向排列时的高度（含行间距）是0.8a，文字为三行或多于三行时，文字的总高度不应大于图形标志尺寸（a）。组合中的文字与图形标志外缘的间距不应小于0.15a，文字的字间距应保持一致。

图3 图形标志与文字标志组合的设计示例

3.4 图形标志横向排列时，载体上下边界与标志的最小间距为0.2a,载体左右边界与标志的最小间距为0.25a，载体边界与标志各部分的间距不应小于标志各组成部分间的距离。

图4 标志与标志载体边界间的关系

3 标志标准组合

3.5 图形标志应具有相同的标志尺寸（a）；图形标志间的距离不应小于图形标志尺寸（a）的0.15倍。

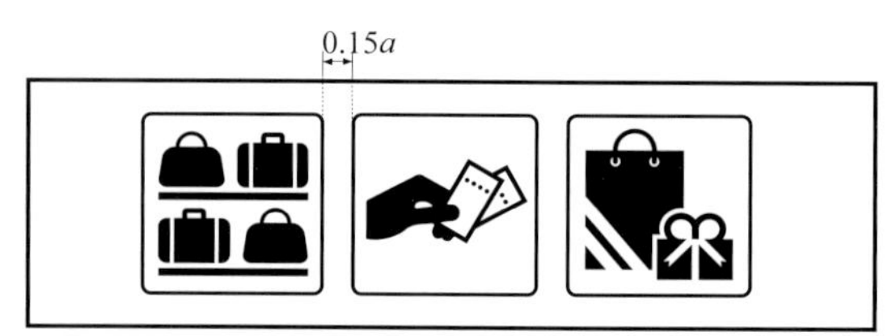

图5 不带箭头符号的多重标志设计示例

3.6 组与组位于同一行，在使用空白间隔区分组时，空白间隔的宽度不应小于图形标志尺寸（a）。

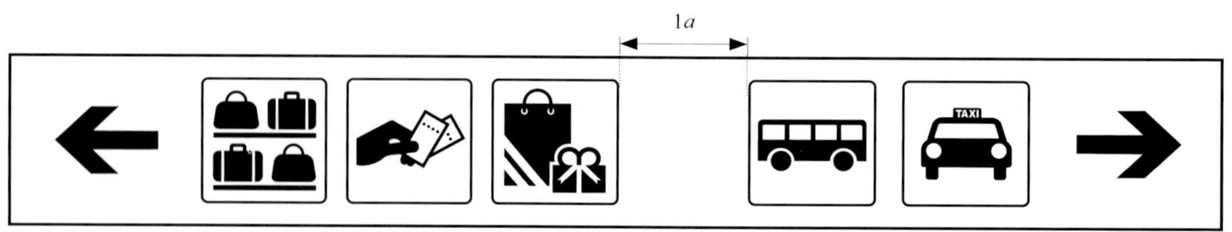

图6 图形标志位于同一行时带有箭头符号的多重标志设计示例

3.7 组与组位于不同的行，在使用空白间隔区分组时，空白间隔的宽度应大于组内相邻图形标志的间距，且不应小于$0.3a$。

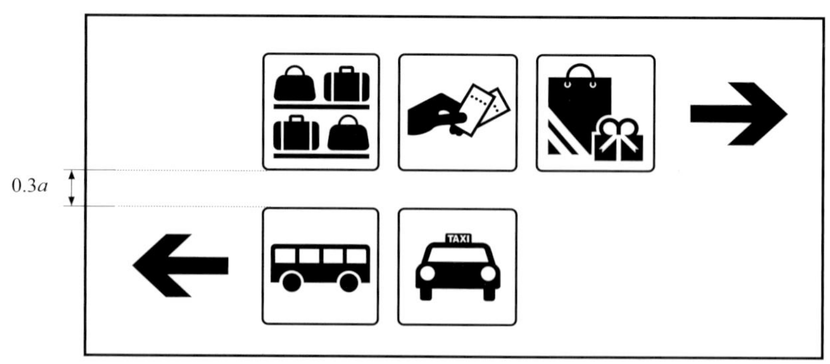

图7 图形标志位于不同行时带有箭头符号的多重标志设计示例

3.8 组内图形标志为五个，宜从与箭头符号相邻的图形标志起，在第三个图形标志与第四个图形标志之间使用宽度为$0.6a$~$0.8a$的空白间隔分隔。

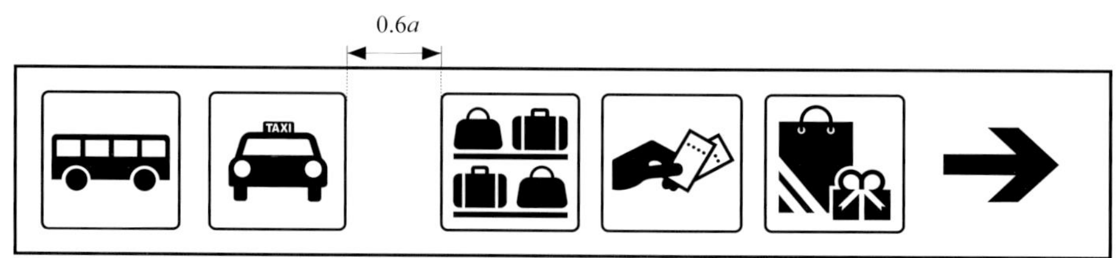

图8 包含五个图形标志的带有箭头符号的多重标志设计示例

3 标志标准组合

3.9 当组内的图形标志多于五个时，宜每隔四个图形标志设置一个空白间隔。

图9 包含六个图形标志的带有箭头符号的多重标志设计示例

3.10 文字标志中出现数字符号时，数字符号的高度为图形符号的0.9倍。两个以上的数字符号为并列关系时，两两之间用符号“▪”居中分隔。两个数字符号表示一个数字范围时，数字符号之间用符号“▬”居中分隔。

符号“▪”——符号为正方形，高度应为数字符号笔画宽度的1.2倍。

符号“▬”——符号为长方形，长高比为3∶1，高度与数字符号的笔画宽度保持一致。

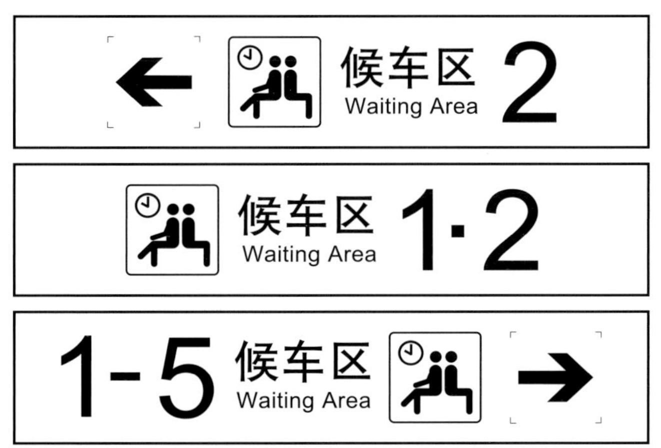

图10 包含数字信息的标志组合设计示例

4 标志箭头方向

4.1 箭头符号的定位和尺寸遵守以下规则

箭头符号尺寸应等于或大于图形符号尺寸；当箭头符号尺寸大于图形符号尺寸时，等比例放大的箭头图形不应超过箭头符号与图形符号尺寸相等时箭头符号角标所确定的正方形范围。

箭头符号与图形标志外缘的距离不应小于图形标志尺寸（a）的0.15倍。

图1 图形标志与箭头符号组合的设计:示例1

4.2 图形标志与箭头符号的位置关系遵守以下规则

如图形标志与箭头采用横向排列：

箭头指左向（含左上、左下），图形标志应位于右侧（见图2A）；

箭头指右向（含右上、右下），图形标志应位于左侧（见图2B）；

箭头指向上或向下，图形标志宜位于右侧（见图2C）。

如图形标志与箭头采用纵向排列：

箭头指下向（含左上、右下），图形标志应位于上方（见图2D）；

其他情况，图形标志宜位于下方（见图2E）。

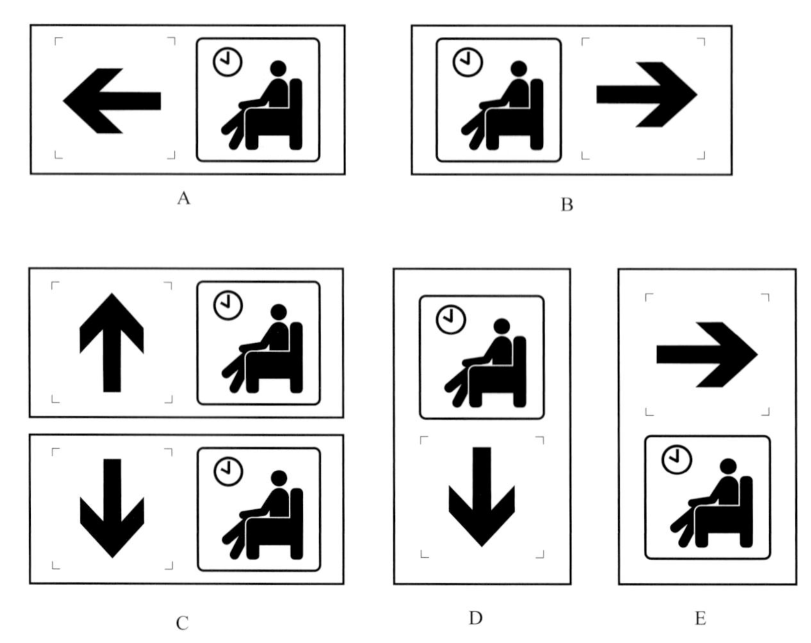

图2 图形标志与箭头符号组合的设计:示例2

4 标志箭头方向

4.3 多个方向的箭头符号排列应遵守以下规则

当不同指向的多个导向标志设置在一起时，各导向标志间应以如下方式布置，且同向的导向标志应上下相邻布置（见下图）。

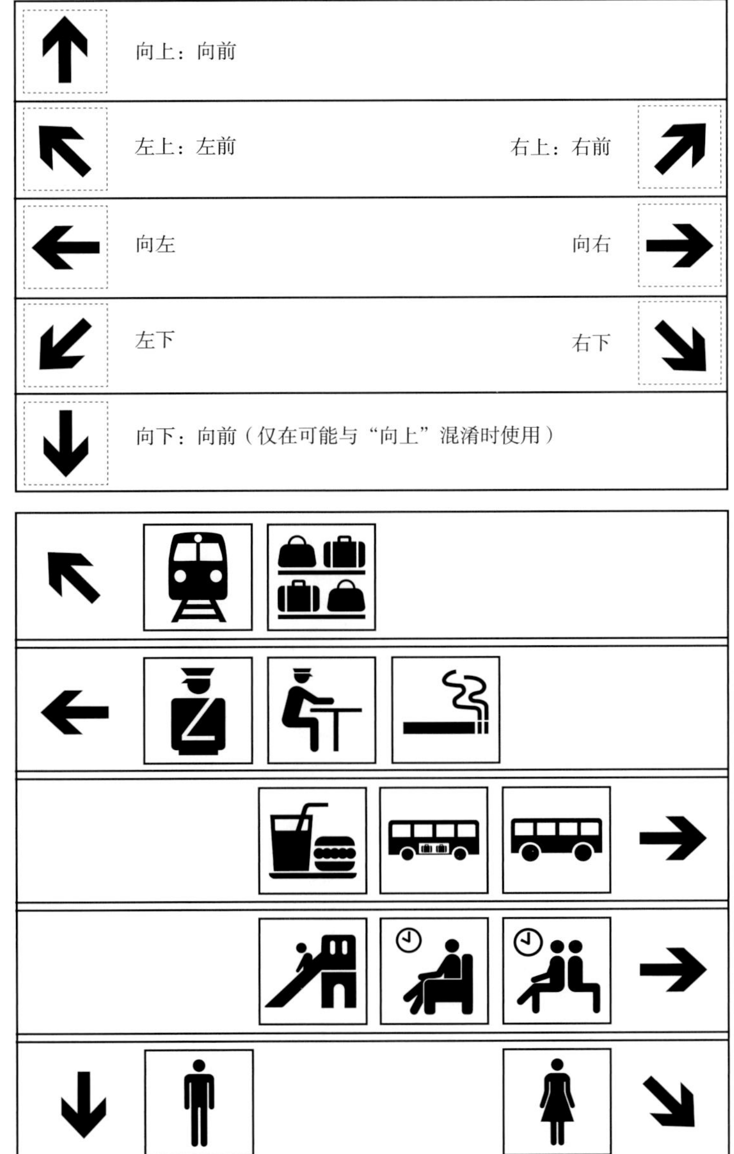

图3 导向标志集中设置示例

当标志单体所有版面信息呈多行排列，且引导方向相同时，应省略相同指向的箭头符号，各导向信息间应以如下方式布置。

图4 同方向时，多重标志组合的箭头设计示例

4 标志箭头方向

4.4 出入口图形符号的箭头方向应遵守以下规则

在出入口设置位置标志时，根据实际设置的位置，应调整图形符号的方向，使符号中的箭头方向与实际人员流动方向相一致，表1中给出了出入口图形符号处于不同方向时的设置位置，具体示例参见图5。

表1 出入口图形符号处于不同方位时的设置位置

不同方向的入口图形符号	设置位置	
	标志附着于入口所在墙面	标志与入口所在墙面垂直
	设置在入口的上方、左侧或右侧	—
	—	设置成标志中的箭头指向入口
	—	设置成标志中的箭头指向入口

不同方向的出口图形符号	设置位置	
	标志附着于出口所在墙面	标志与出口所在墙面垂直
	设置在出口的上方、左侧或右侧	—
	—	设置成标志中的箭头指向出口
	—	设置成标志中的箭头指向出口

图5 入口标志设置示例

5 标志图形符号

图形符号使用中华人民共和国国家标准：GB/T 10001 标志用公共信息图形符号（具体图形符号参见附录1）。

图形符号	含 义	说 明
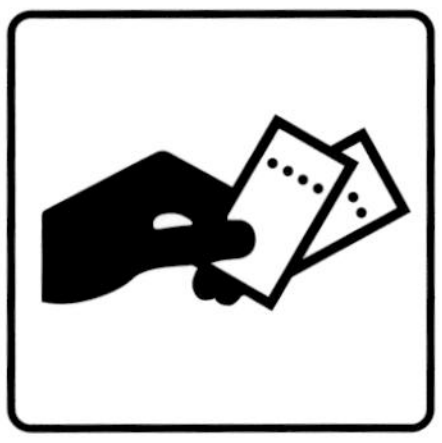	票务服务 Tickets	表示出售各种票据的场所，如机场、车站、影院、体育场馆、公园等处的售票处及医院的挂号处等。 ISO 7001：1990（050）
	等候室 Waiting Room	表示供人们休息等候的场所，如车站的候车室、机场的候机室、医院的候诊室等。 ISO 7001：1990（013）
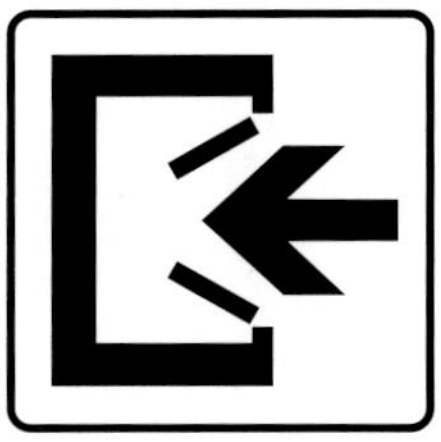	入口 Way In； Entrance	表示入口位置或指明进去的通道。 应根据实际情况使用本符号，或旋转90° 或180° 后的符号。 ISO 7001：1990（026）
	行李托运 Baggage Check in	表示托运行李或包裹的场所。 用于公共场所、建筑物、服务设施、方向指示牌、平面布置图、信息板、时刻表、印刷品等。
	检票 Ticket in	表示检票的场所，如火车站、汽车站、码头等场所的检票口。 用于公共场所、建筑物、服务设施、方向指示牌、平面布置图、信息板、时刻表、印刷品等。

6 标志版面分割

以下对常见的几款标志版面分割进行规范，当标志单体高度依次是400 mm、500 mm、600mm、700 mm、800 mm、900 mm、1 000 mm时，与之对应的图形符号及中英文组合的高度依次是280 mm、350 mm、420 mm、490 mm、560 mm、630 mm、700 mm。此组数值是依据实践经验总结得出的，本指南的使用者在进行标志系统设计时可参考使用。

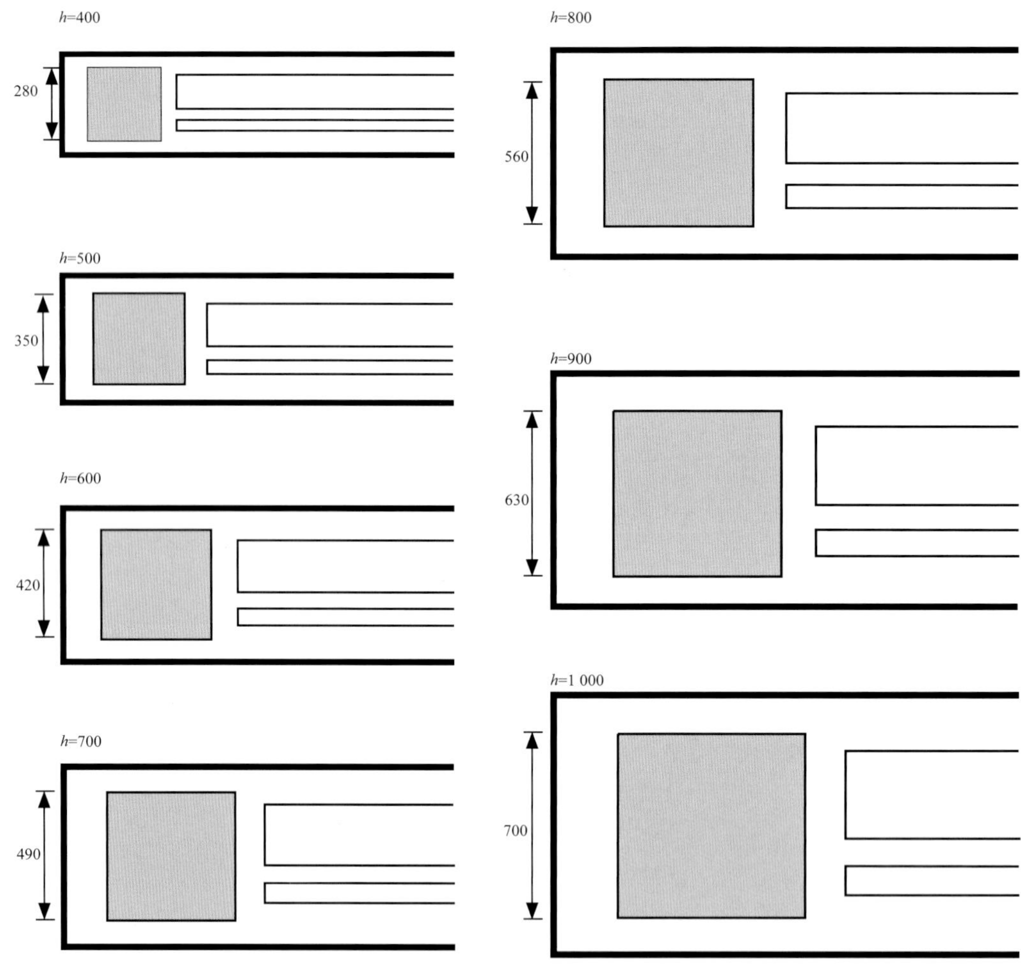

单位：mm

四、标志设施设置指南

1 标志图形符号的大小与视距的关系

在复杂的车站空间环境中，旅客能够清晰、便利地看到导向标志，是导向系统发挥作用的前提，这要求系统设计过程中，正确地掌握图形标志尺寸和视距的关系。如下图所示，旅客与导向标志之间的距离越远，导向标志的尺寸应该越大。图中标明的导向标志边长数值皆为在相应视距上导向标志边长应达到的最小尺寸。本指南使用者在使用过程中应根据车站实地情况并参考图示酌情设定导向标志大小。

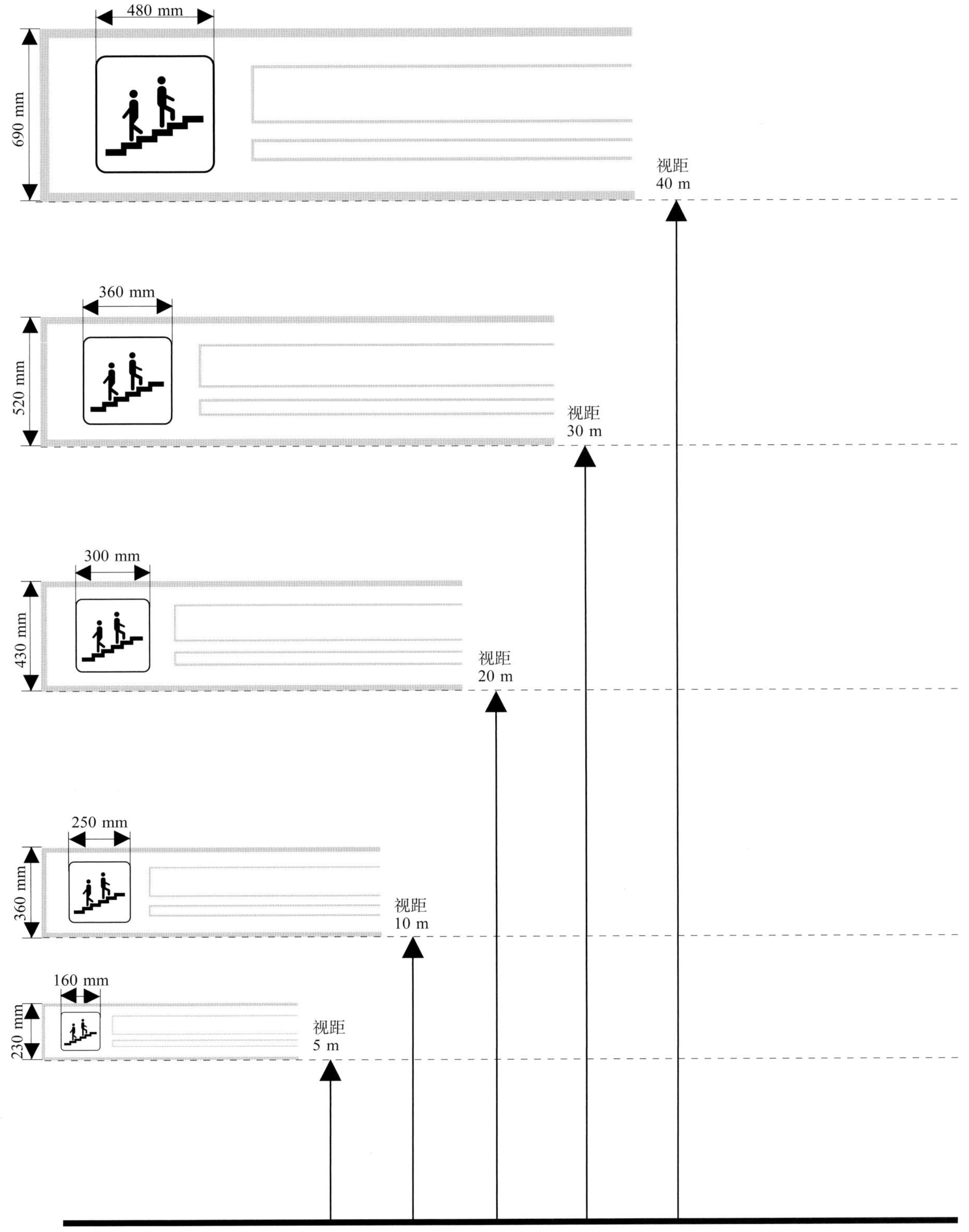

2 标志与旅客视角的界限

2.1 视线的偏移

为保证标志的醒目，在最大观察距离上，标志设置位置与视线正方向间的偏移角宜在5° 以内，最大偏移角不应大于15°（见图1）。如果标志安装位置受条件限制无法满足偏移角的要求，应增大标志的尺寸。当抬头、低头（例如在上楼或下楼时）及转头时，视线正方向在各个方向旋转的角度最大可达45°（见图2）。

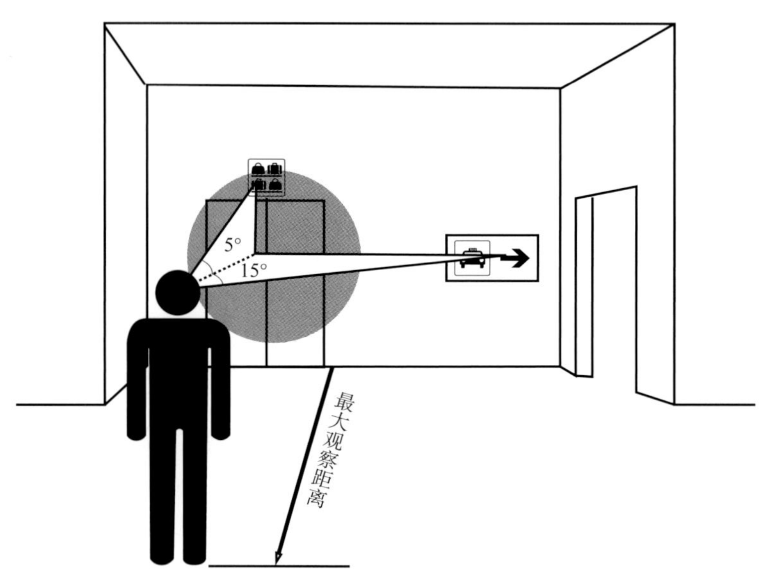

图1 视线偏移范围示意图

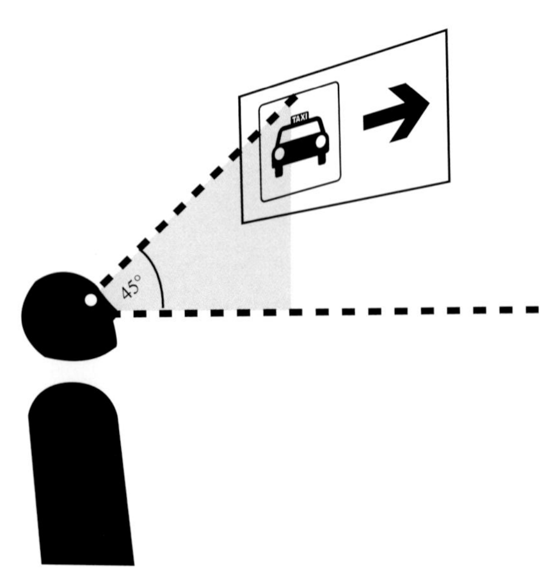

图2 视线正方向旋转角度示意图

2.2 旅客视角界限的确定

导向标志设置应考虑旅客的视轴与导向标志形成的角度，这是决定旅客能否清楚读到导向标志内容的一个关键因素。视觉角度以90° 为最佳，如果视觉角度处在上下或左右45° 范围之外，则会增加视觉上的误读率，因此，在设定导向标志的高度、宽度、倾斜度时，无论是水平方向还是垂直方向，都应尽量避免和旅客的视觉角度形成大于45° 的情况。

当标志设置需要旅客视角偏移才能看到时，也可参照如下图所示的方法确定标志设置的具体位置。

2.2.1 水平方向视角的界限

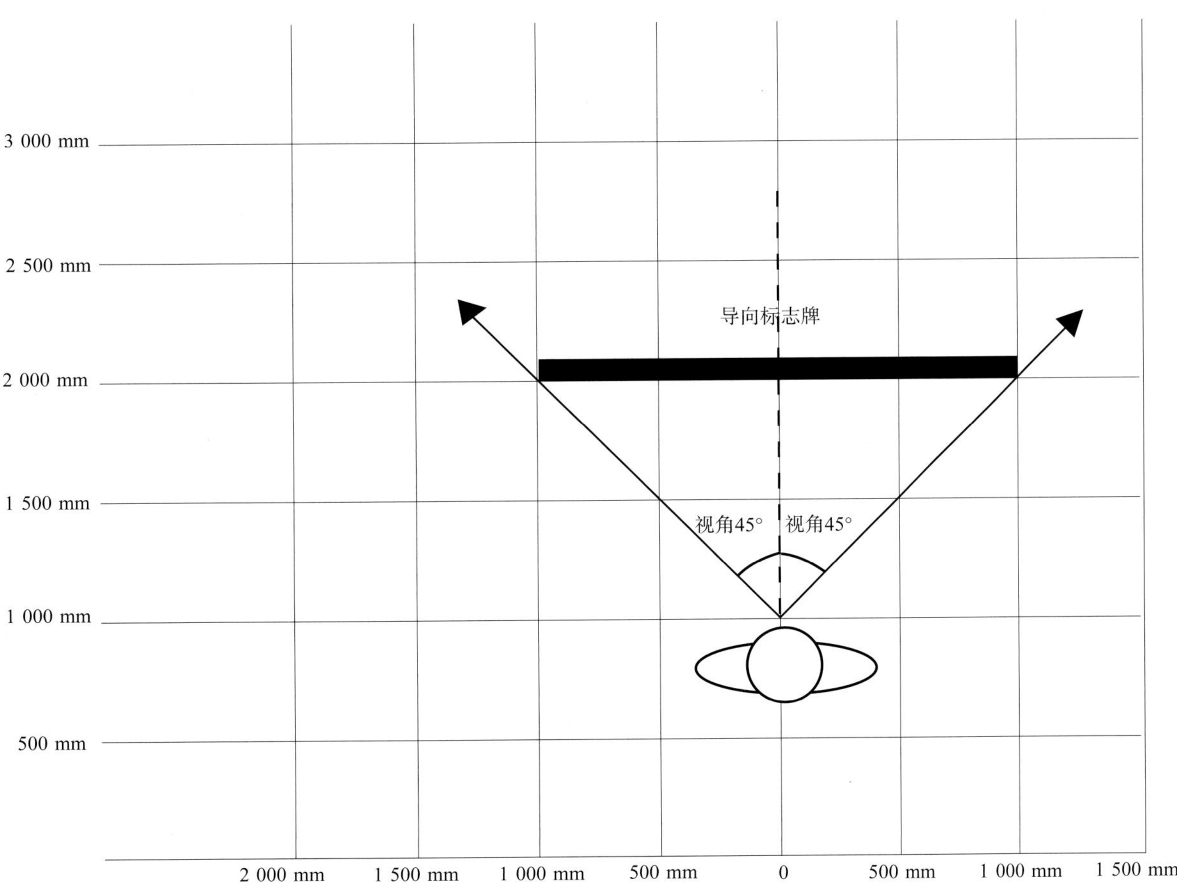

2 标志与旅客视角的界限

2.2.2 垂直方向视角的界限

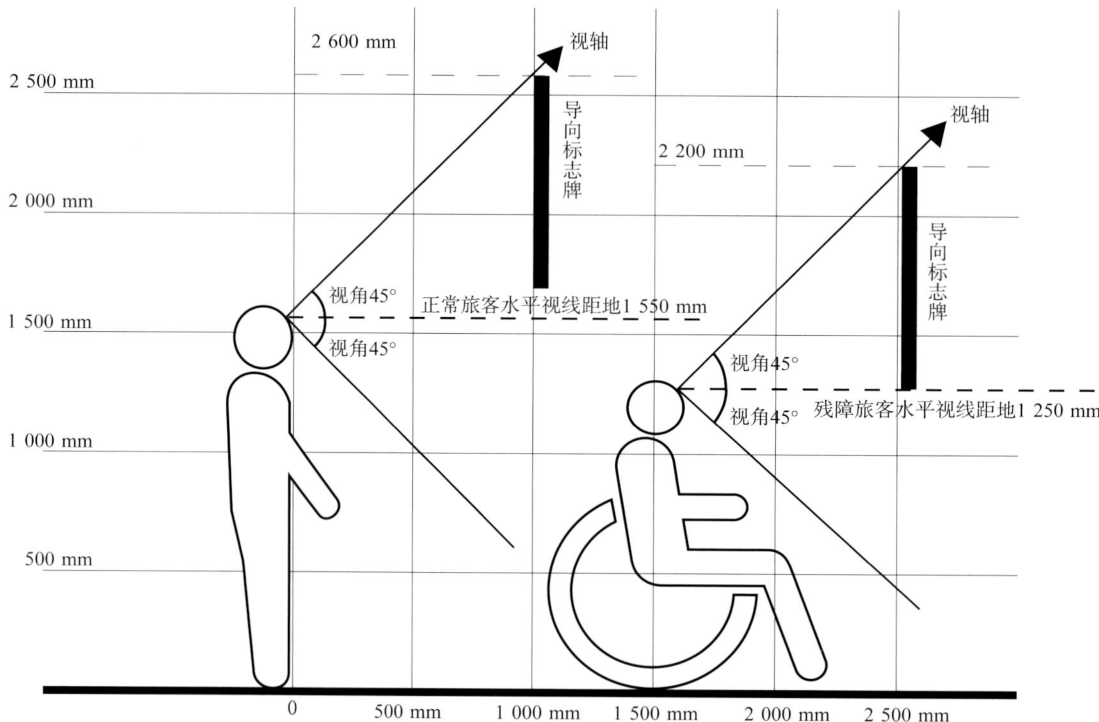

3　标志设置的高度

3.1　远距离观看导向标志时，标志设置最佳高度确定的方法

导向标志设计时，必须要考虑到标志设置的高度，从而让旅客（正常人和轮椅使用者）在移动过程中，可以避开人群、建筑的遮挡，直视无碍地看到标志。以下示意图表示了确定标志设置合理高度的参考方法，设计者应依据旅客车站的空间及客流情况灵活运用此方法。

具体方法阐述：

在旅客由远及近的移动过程中，如果导向标志的设置高度过高，标志信息就会超出旅客的视野范围。一般情况下，旅客视角上限为仰视10°，在此范围内的导向标志能够使旅客易于获取导向信息。同时，旅客在行进过程中会遇到行人、建筑物、垂吊物等不同高度的遮挡物，在遮挡物范围内的导向信息很难进入旅客的视野。

如图1所示，在车站复杂的环境中，假设正常视力的旅客（裸眼视力为0.5及以上）前方5 m 处有行人遮挡，导向标志本体高度为500 mm，在导向标志设置高度为距地2 500 mm的情况下，正常旅客能够看清标志信息的宽度范围是2 980 mm。按旅客行进速度1 100 mm/s测算，旅客在行进过程中能够看到标志的有效换算时间约为27 s。

如图2所示，轮椅使用者的视点高度比正常人低，视野范围相应比正常人窄。按上述同等条件测算，当导向标志设置高度分别为距地2 200 mm、2 500 mm、3 000 mm、4 000 mm 时，轮椅使用者能够看清标志信息的宽度范围依次为900 mm、2 000 mm、3 800 mm、7 500 mm,在行进过程中能够看到标志的有效换算时间分别为0.8 s、1.8 s、3.5 s、6.8 s。

综上所述，远距离观看导向标识时，标志设置高度应使标志本体下边缘高于旅客视角下限。在建筑空间环境许可的前提下，标志设置高度应以标志信息可视宽度范围最大为确定依据。

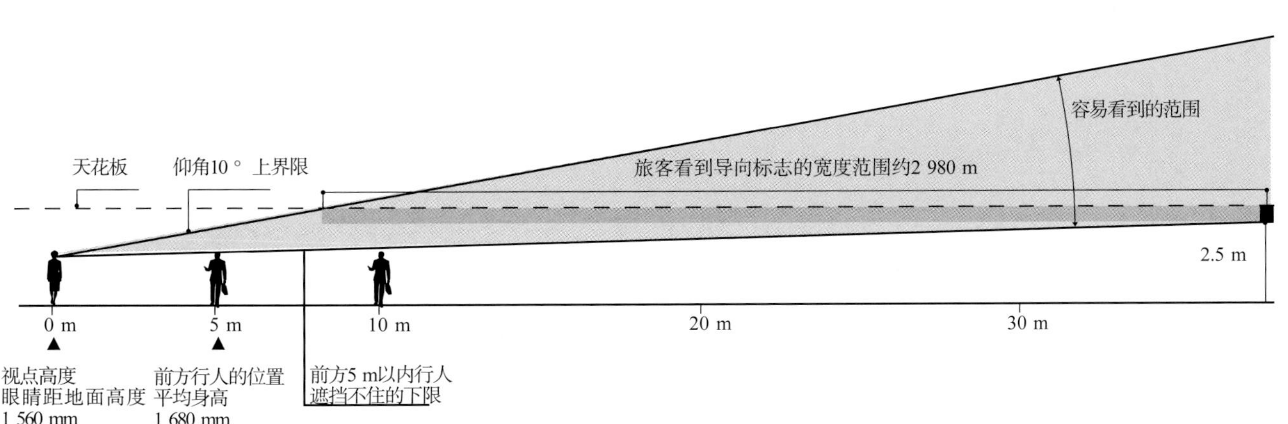

图1　步行旅客在行走时所能看到导向标志的宽度范围（前方5 m 位置内有其他行人的情况下）

3 标志设置的高度

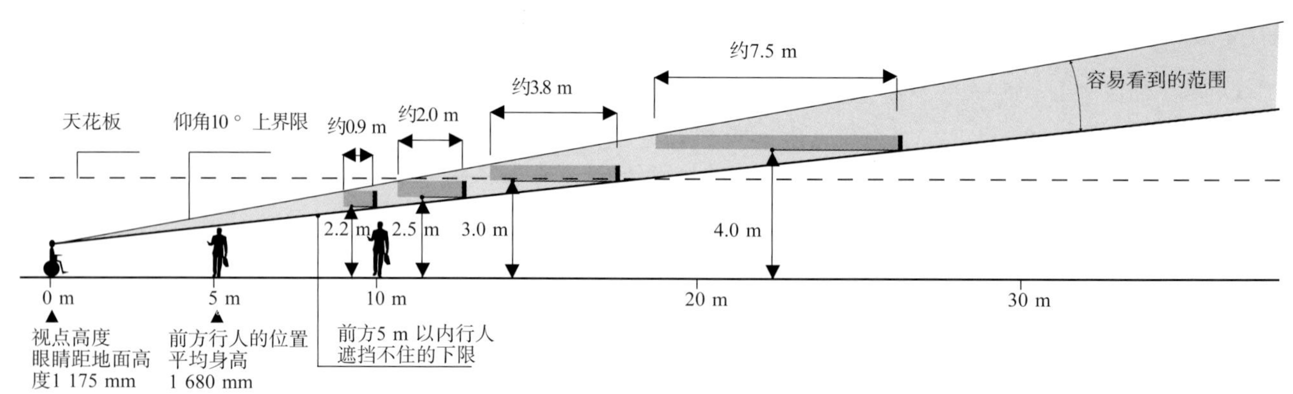

图2 使用轮椅的旅客在移动时所能看到导向标志的宽度范围（前方5 m 位置内有其他行人的情况下）

3.2 近距离观看导向标志时，标志设置最佳高度确定的方法

近距离观看导向标志时，同样存在着确定标志设置最佳高度的问题。通常情况下，在正面观看导向标志时，使用轮椅的旅客的视野范围会比正常旅客的视野范围下移400 mm。

如图所示，近距离观看导向标志时，标志设置最佳高度应处在正常旅客与使用轮椅的旅客交叉的视野范围之内。导向标志的中心点位置应该与双方的视点中间位置同高。

此方法可用来确定不同视距下的标志设置高度上下限。

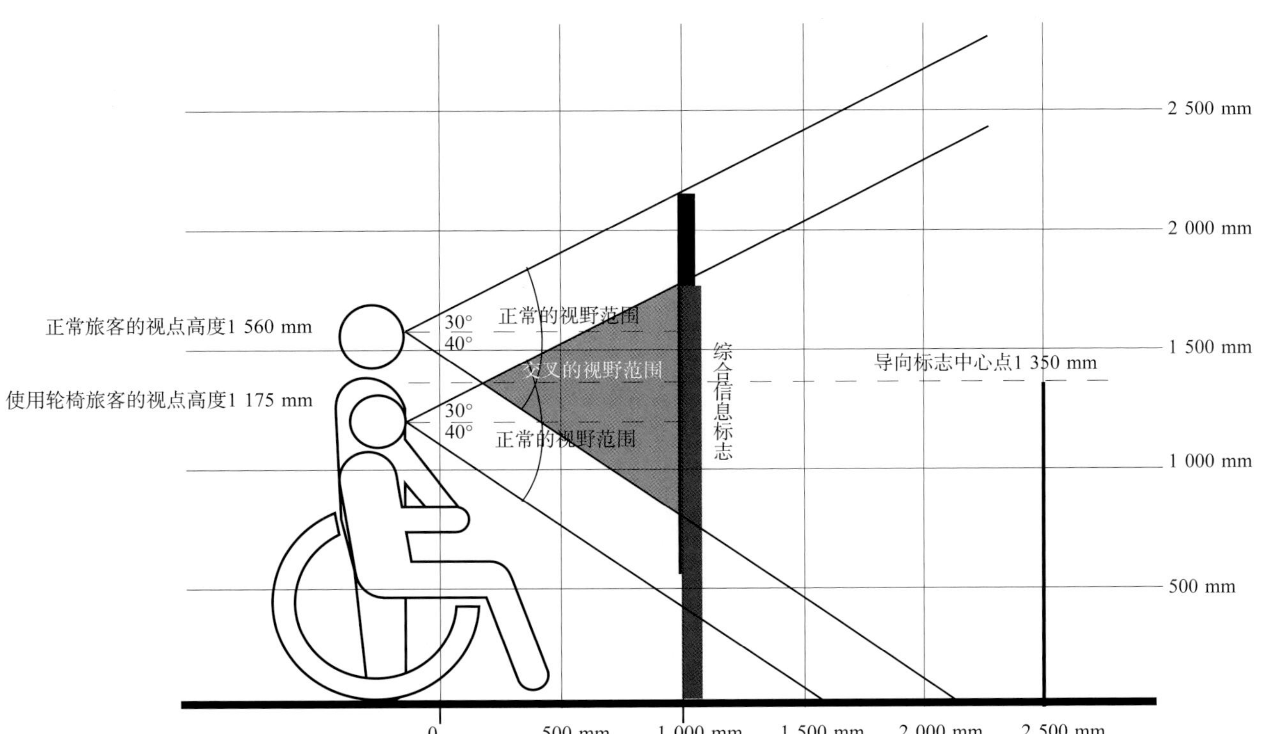

3 标志设置的高度

3.3 标志设置高度示意图

导向标志贴附式安装时，标志载体的上边缘与地面之间的垂直距离不应小于2 000 mm（见图1）,以保证标志上的信息不被遮挡。

位置标志贴附式安装时，应将标志设置在水平视线的高度，即标志载体的上边缘与地面之间的垂直距离约为1 600 mm。如果位置标志需要在更大距离上被识别，则标志载体的下边缘与地面之间的最小距离不应小于2 000 mm（见图2）。位置标志悬挑式安装时，标志载体的下边缘与地面之间的垂直距离不应小于2 200 mm（见图3）。

标志吊挂式安装时，标志载体的下边缘与地面之间的垂直距离（最大净空高度）不应小于2 200 mm（见图4、图5）。

贴附式综合信息标志设置时，标志载体的下边缘与地面之间的垂直距离不应小于600 mm（见图6）。

本指南使用者应根据车站的空间规模、人流量大小等实际情况，对标志设置的最佳高度进行设计。

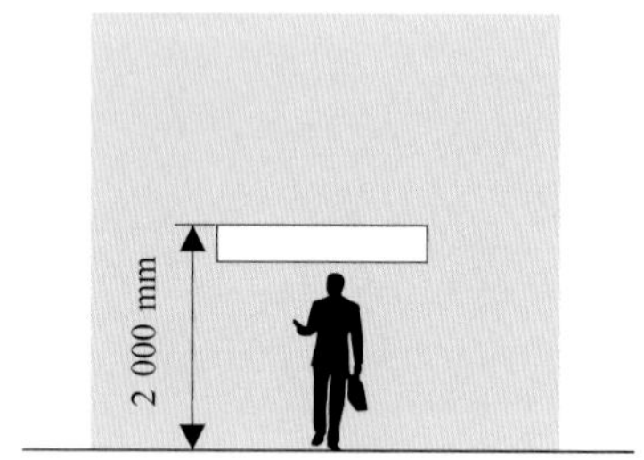

图1 贴附式导向标志设置高度示意图

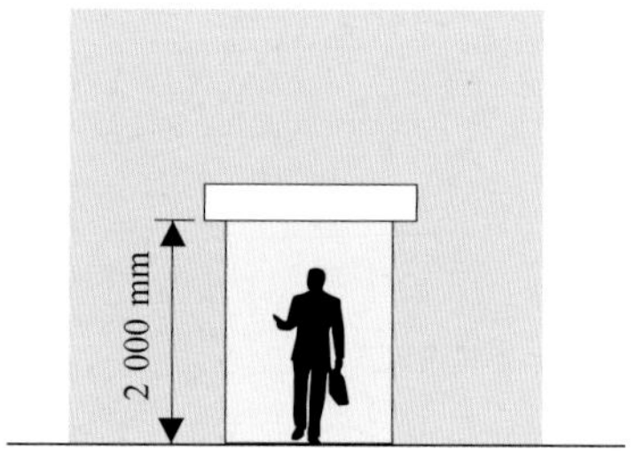

图2 贴附式位置标志设置高度示意图

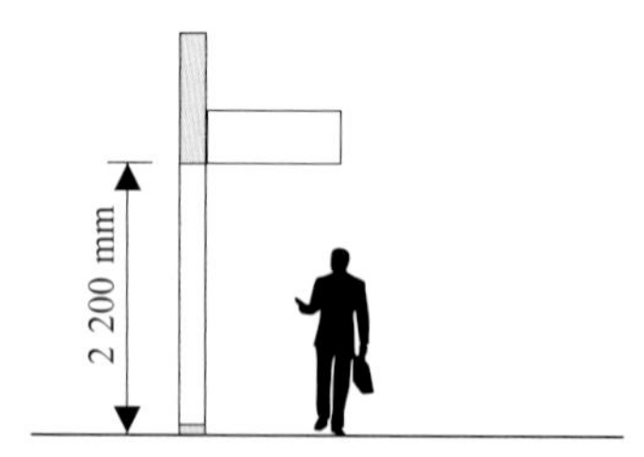

图3 悬挑式位置标志设置高度示意图

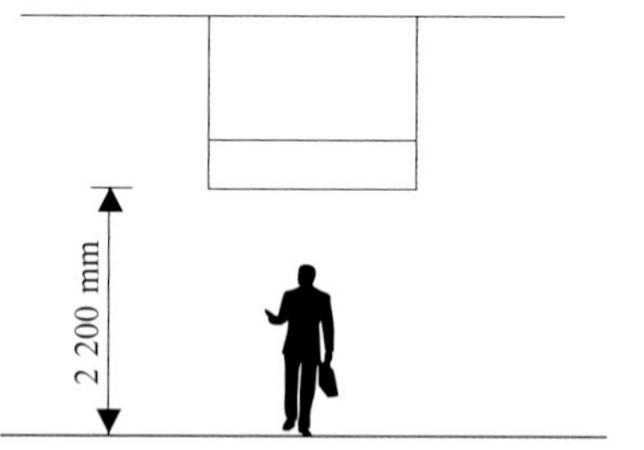

图4 吊挂式导向标志设置高度示意图(室内)

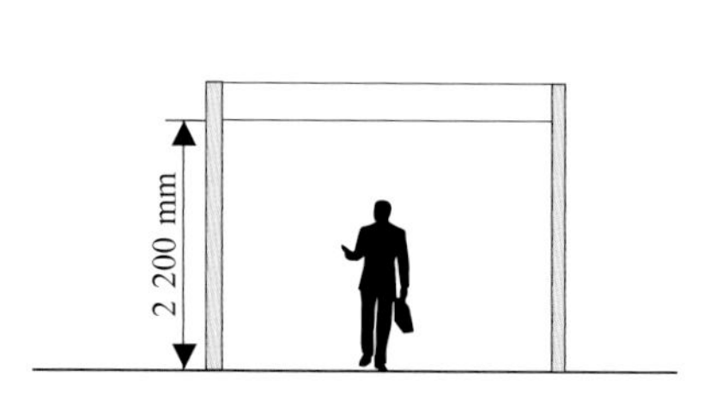

图5 立柱式位置标志设置高度示意图（室内）

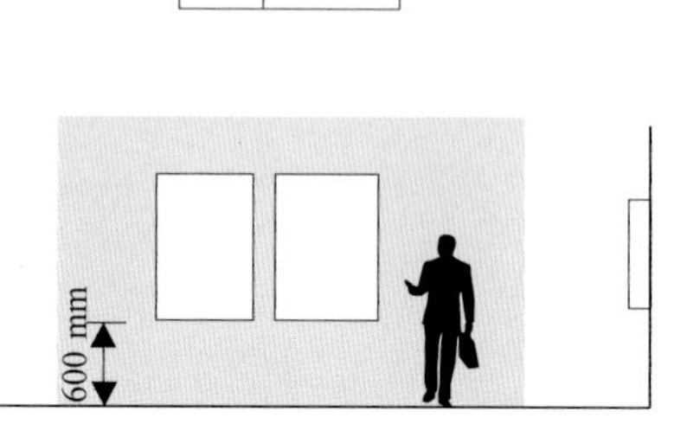

图6 贴附式综合信息标志设置高度示意图

4 标志困难场合省略设置

设置标志时，即使道路足够宽，为防止信息泛滥，有时也可能省略重叠信息。但是，至少会提供表示道路方向的信息。当遇到设置标志困难的场合，如楼梯口周边的天井非常低的情况下，设置吊挂式标志牌会变得非常困难。这时，有可能省略部分引导标志。但是，有必要注意放置在楼梯拐角处表示道路方向的视觉标志。

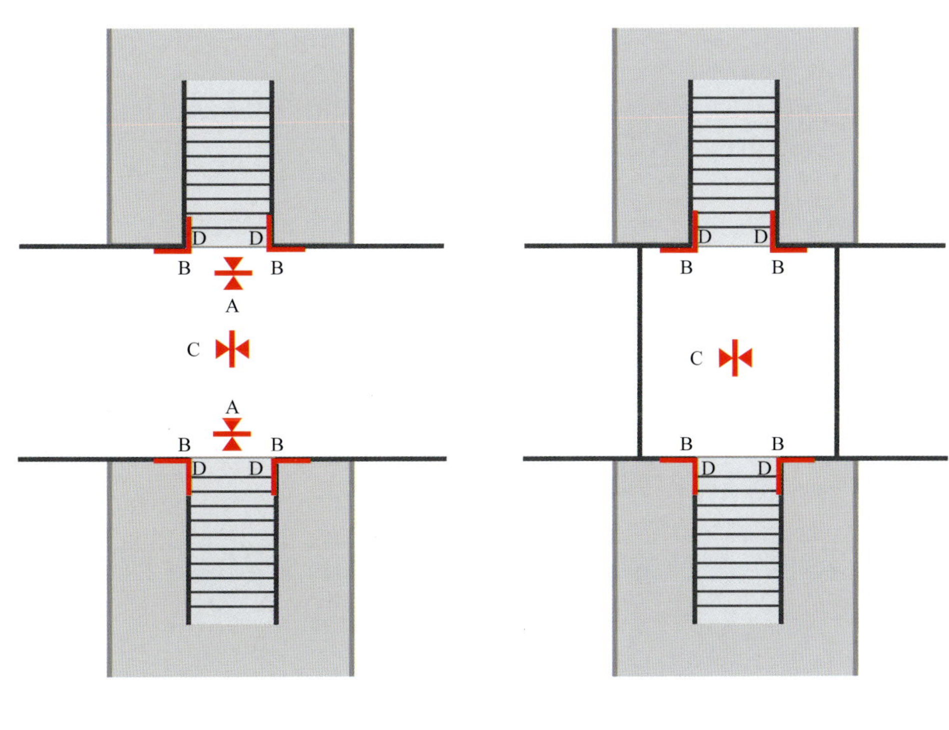

正常配置方针　　　　省略配置方针

B 出站口导向标志

D 站台号位置标志

5 综合信息标志

在旅客集中的空间内，应设置为旅客提供乘车、下车等综合信息的标志。

5.1 车站平面示意图

5.1.1 组成部分

平面示意图应由图名、平面图和图例三部分组成。

图名是平面示意图的具体称谓。图名应含有“××站平面示意图”字样，通常位于平面示意图的上部。

平面图表现采用二维平面示意图的形式。底图由车站建筑构造的轮廓线构成，轮廓线为单一实线，基本线宽（a）不应小于2 mm，站内主要设施的轮廓线宽应为0.25 a。

5.1.2 图形标志

车站内主要的公共服务设施应用国标图形标志示意标注，平面图上图形标志不应带有与其含义相同的文字，相应地在示意图下方应备注国标图形符号的中英文组合，以作注释，供旅客查询。图形标志尺寸应大于10 mm。

5.1.3 色彩及文字

平面示意图背景色为白色，其他功能区域的色块分割应选择与车站整体风格相符的色彩体系，涉及到有相应国家标准的图例应严格按照国标执行。

平面图中文字字体应采用黑体，文字的行高不得小于5 mm。

5.1.4 坐标方向

平面示意图的方位应与实际方位一致，即旅客直视的平面图角度与旅客在当前位置鸟瞰车站的角度一致。平面图中应标出旅客所在的具体位置，同时标注指北符号。

5.1.5 平面图所占比例

平面图综合导向标志中平面图部分的高度宜占标志本体高度的40%，且平面图下边缘距地高度不应少于600 mm。

独立的平面图标志，平面图部分的高度宜占标志本体的60%，且平面图下边缘距地高度不应少于600 mm。

5 综合信息标志

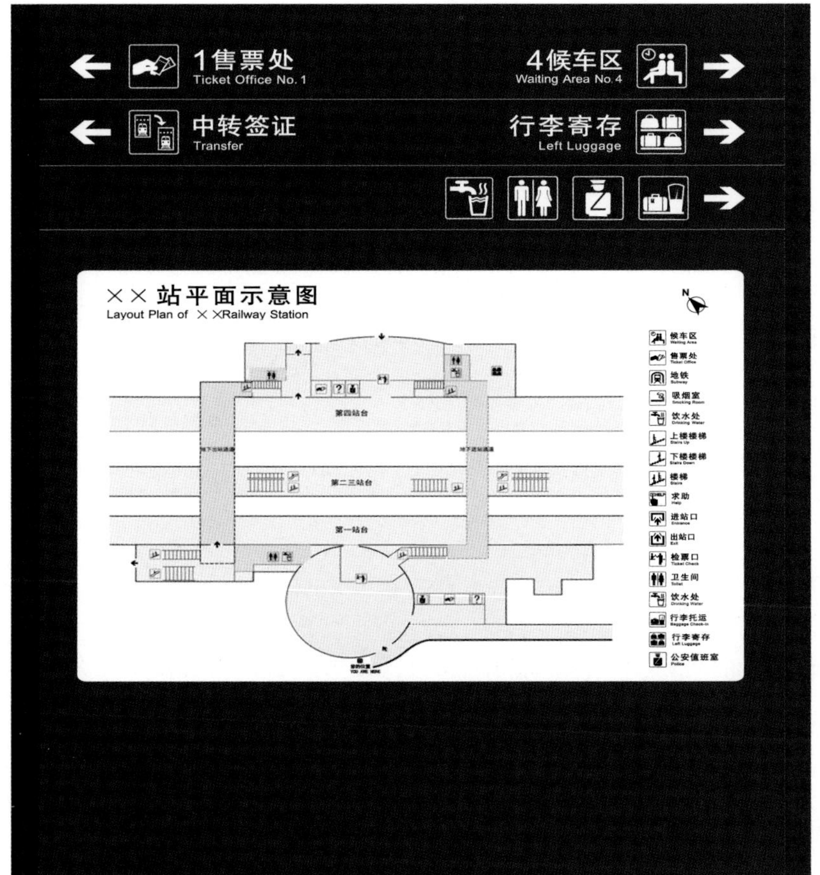

平面图综合导向标志

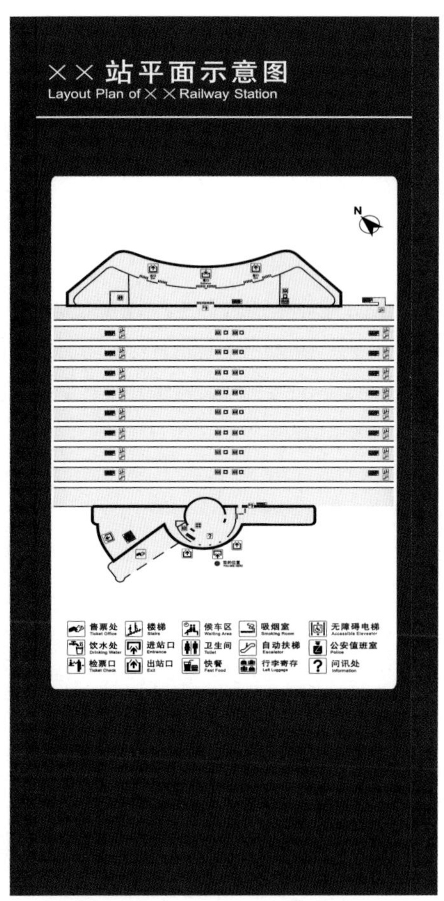

平面图

5 综合信息标志

5.2 街区导向图

5.2.1 街区导向图应由图名、地图和图例三部分组成

地图的表现采用二维平面示意图的形式。地图显示内容应以铁路旅客车站为中心，覆盖车站周边方圆2 km^2 范围。具体内容包括：车站周边的主要街道、河流 、著名建筑等城市地标，以及政府、学校、医院、酒店、公交、地铁、邮政等公共服务设施。

5.2.2 色彩及文字

地图背景色为白色，其他色块分割选择与车站整体风格相符的色彩体系，涉及到有相应国家标准的图例应严格按照国标执行。例如：河流采用蓝色，绿地采用绿色。

地图中文字字体应采用黑体，文字的行高不得小于5 mm。

5.2.3 坐标方向

地图坐标遵循上北、下南、左西、右东的原则。地图图中应重点标出旅客车站所在的具体位置，同时标注指北符号。

5.2.4 地图所占比例

街区导向图综合导向标志中街区导向图部分的高度宜占标志本体高度的40%，且街区导向图下边缘距地高度不应少于600 mm。

独立的街区导向图标志，地图部分的高度宜占标志本体的60%，且地图下边缘距地高度不应少于600 mm。

街区导向图导向标志

街区导向图

5.3 揭示揭挂

版面信息：揭示揭挂的版面内容设定为白底黑字。中文字体为汉仪中黑简体、英文及数字采用Arail Regular体，文字的行高不得小于5 mm。

揭示内容：旅客须知、购票须知、安检规定等。

旅客须知

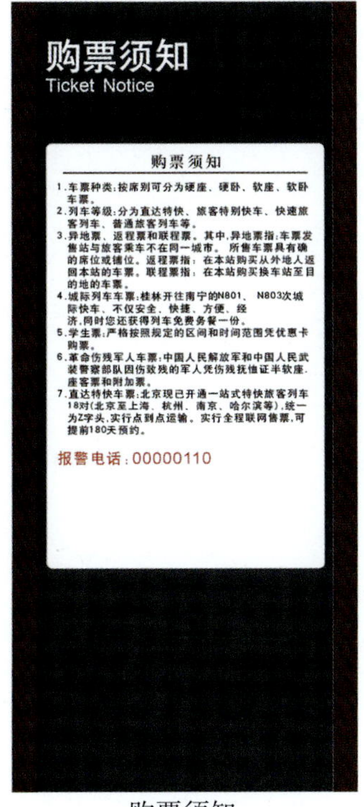

购票须知

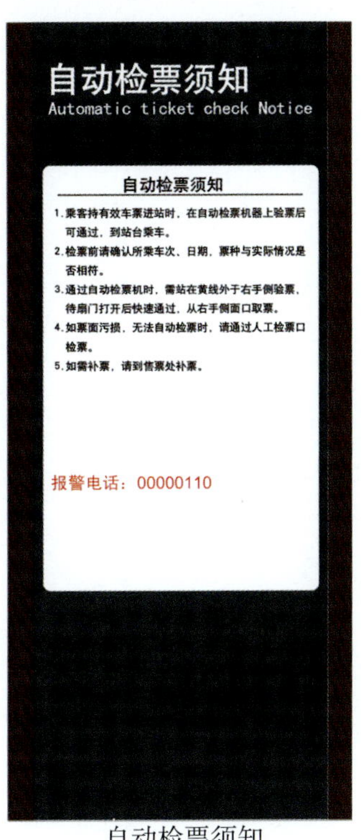

自动检票须知

6　标志与其他信息之间的间隔

因为在车站空余区域会有广告和揭示揭挂板等与乘车无关的信息，所以为了将这些信息与标志区分开，提高导向标志可视性，原则上应在下图揭示的区域放置标志。即使其他揭示物与标志共存，相互之间也应间隔600 mm以保证区别。当遇到大型广告，区域划分较困难时，导向标志的设置应遵循导向标志的清晰性原则，对导向标志与广告的间隔进行适当调整。

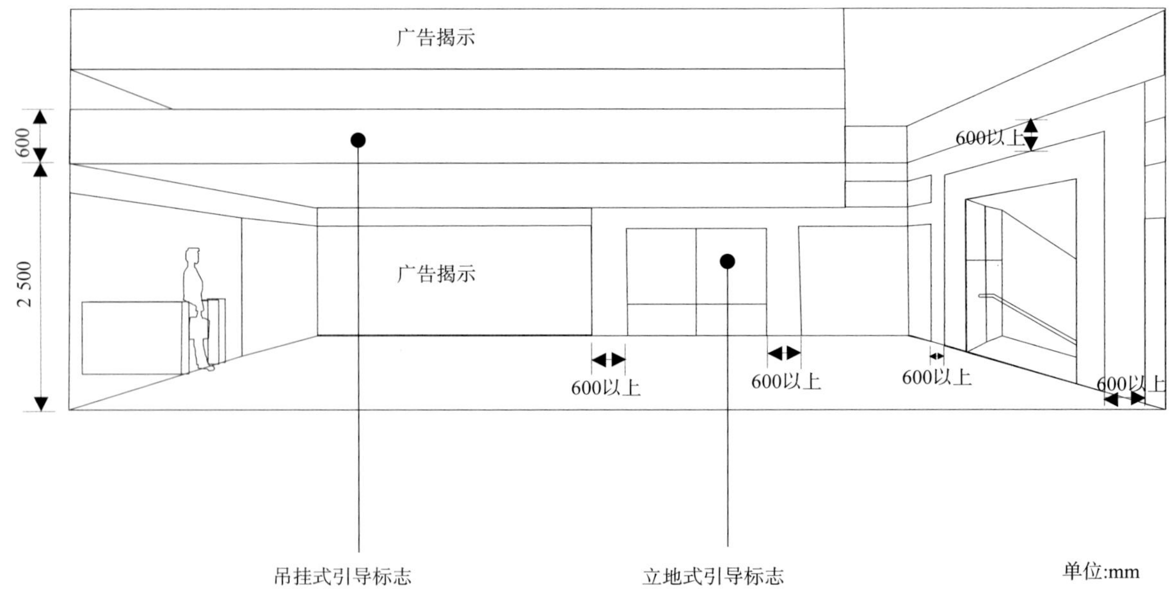

7 编号原则

当进站口、出站口、站台、售票处等同一功能区域有多个点位时，各点位标志应编号。编号宜采用数字、字母或数字与字母相结合的方式。

7.1 进站口编号原则

当车站有多个进站口时，各进站口宜采用字母或字母与数字组合的方式编号。

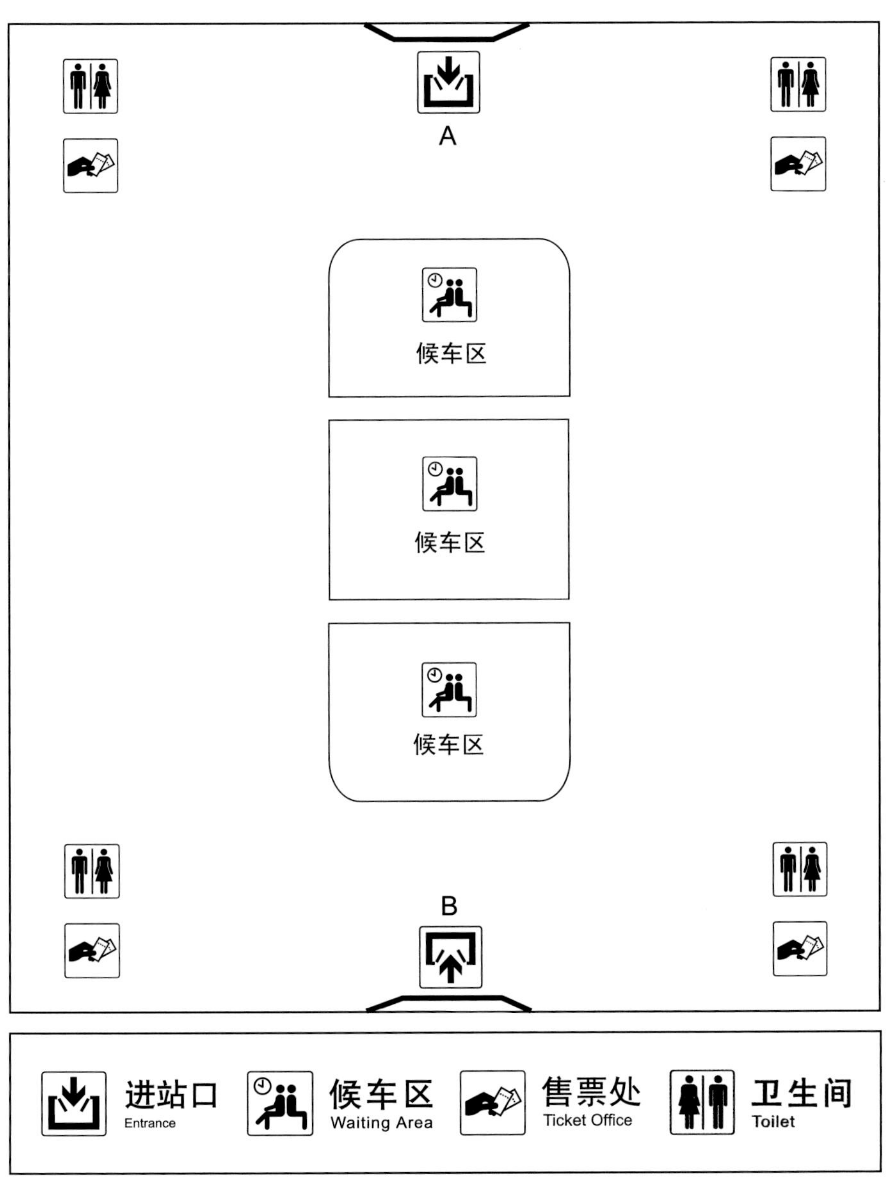

7 编号原则

7.2 进站检票口编号原则

当进站检票口与站台一一对应时，进站检票口与站台编号一致。

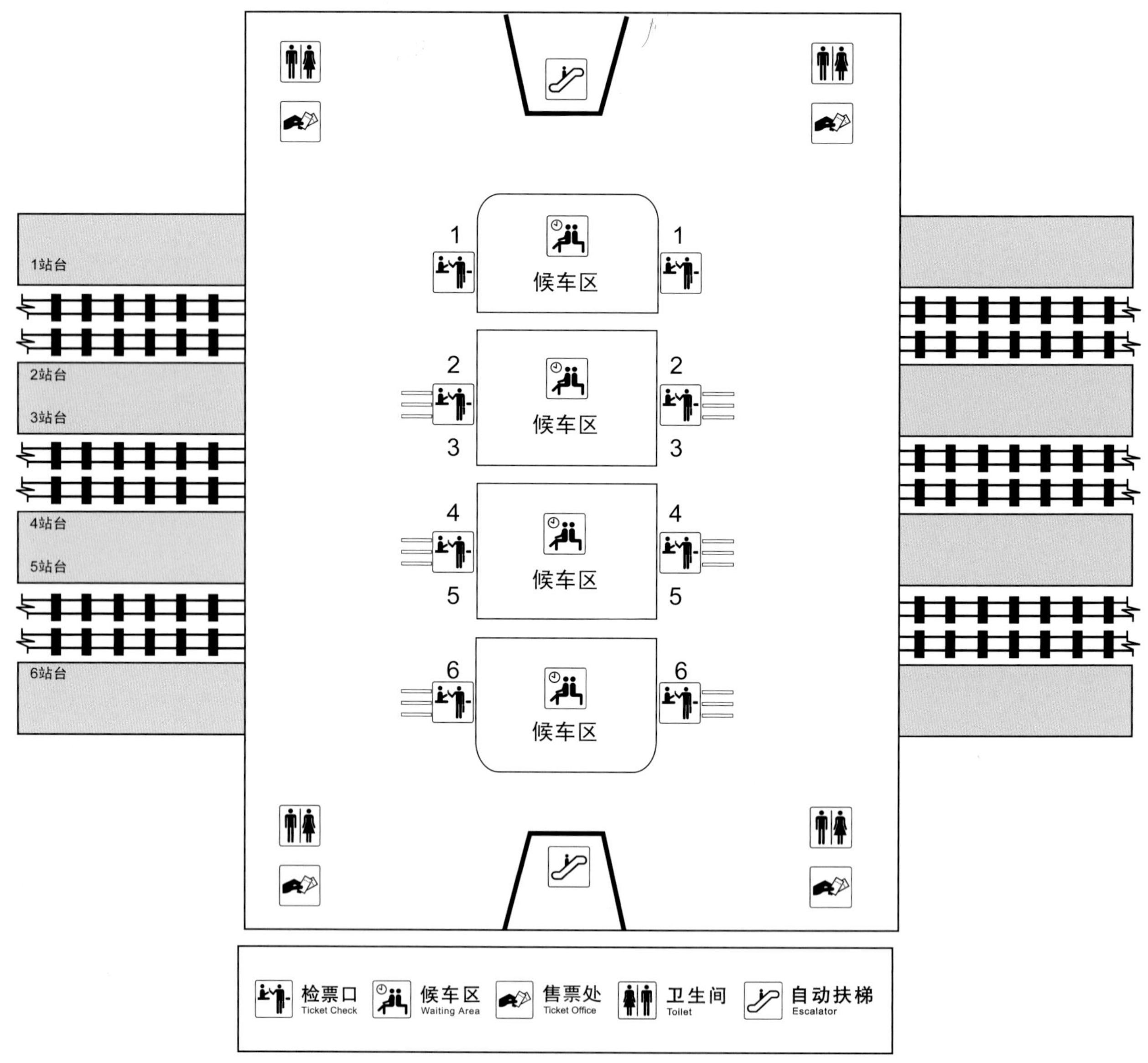

7 编号原则

当进站检票口与站台不对应时，进站检票口应独立编号，编号方式采用数字或字母与数字组合，对称排列。

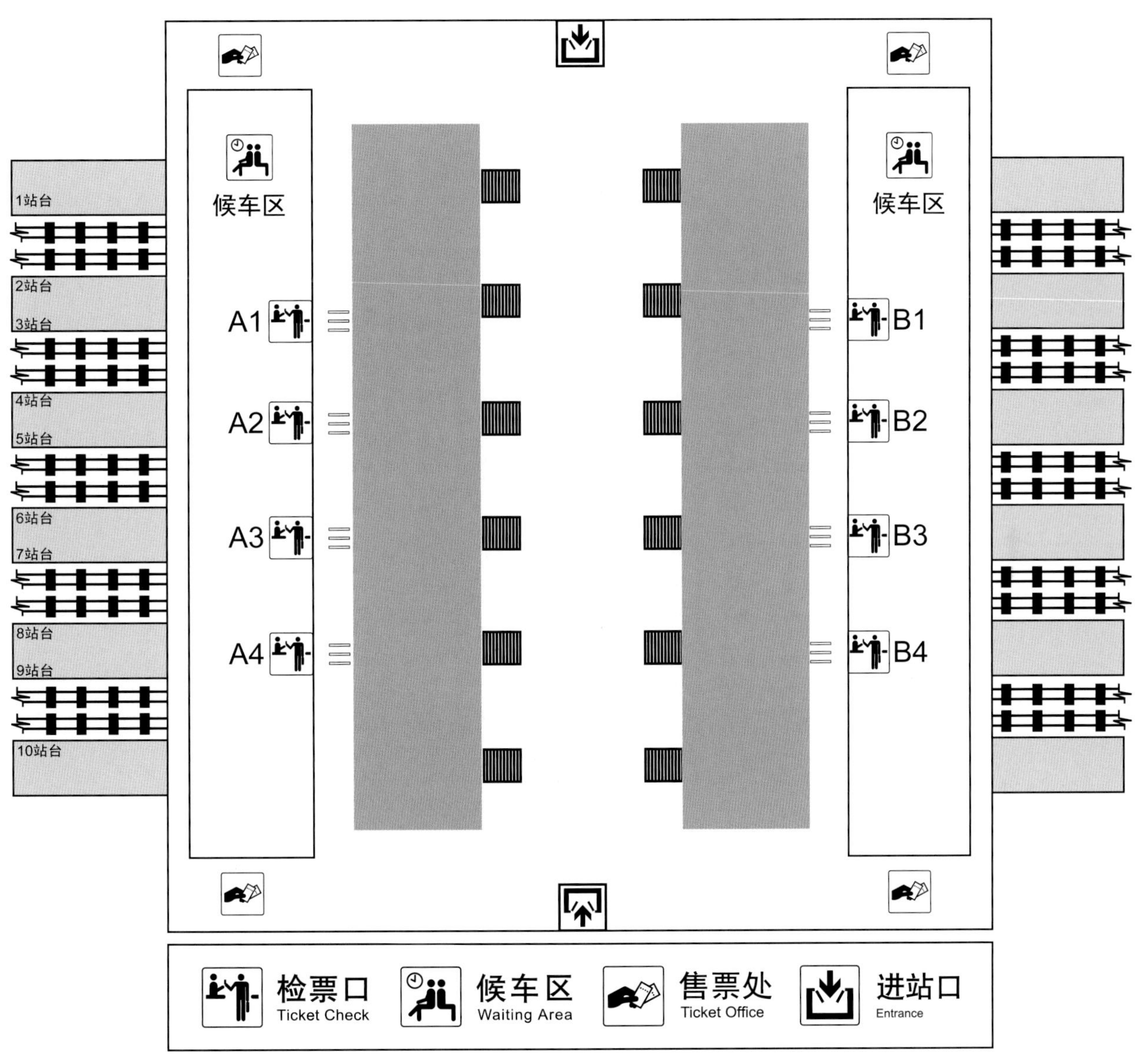

7 编号原则

7.3 站台编号原则

当有多个站台时，在站台上应设置站台编号标志。站台的编号从基本站台起始，中间站台的两侧分别编号。基本站台编为1站台，其他站台的编号按照距离基本站台的远近从小到大依次排列。

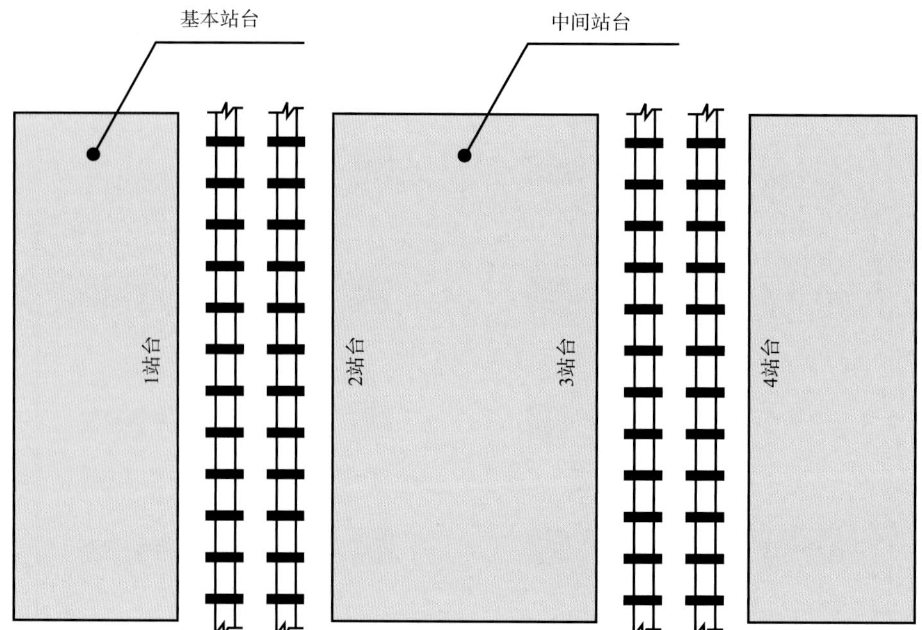

7.4 出站检票口（到达）编号原则

出站检票口与出站口不在同一位置时，出站检票口设置“到达”位置标志，编号方式采用数字或字母与数字组合，对称排列。

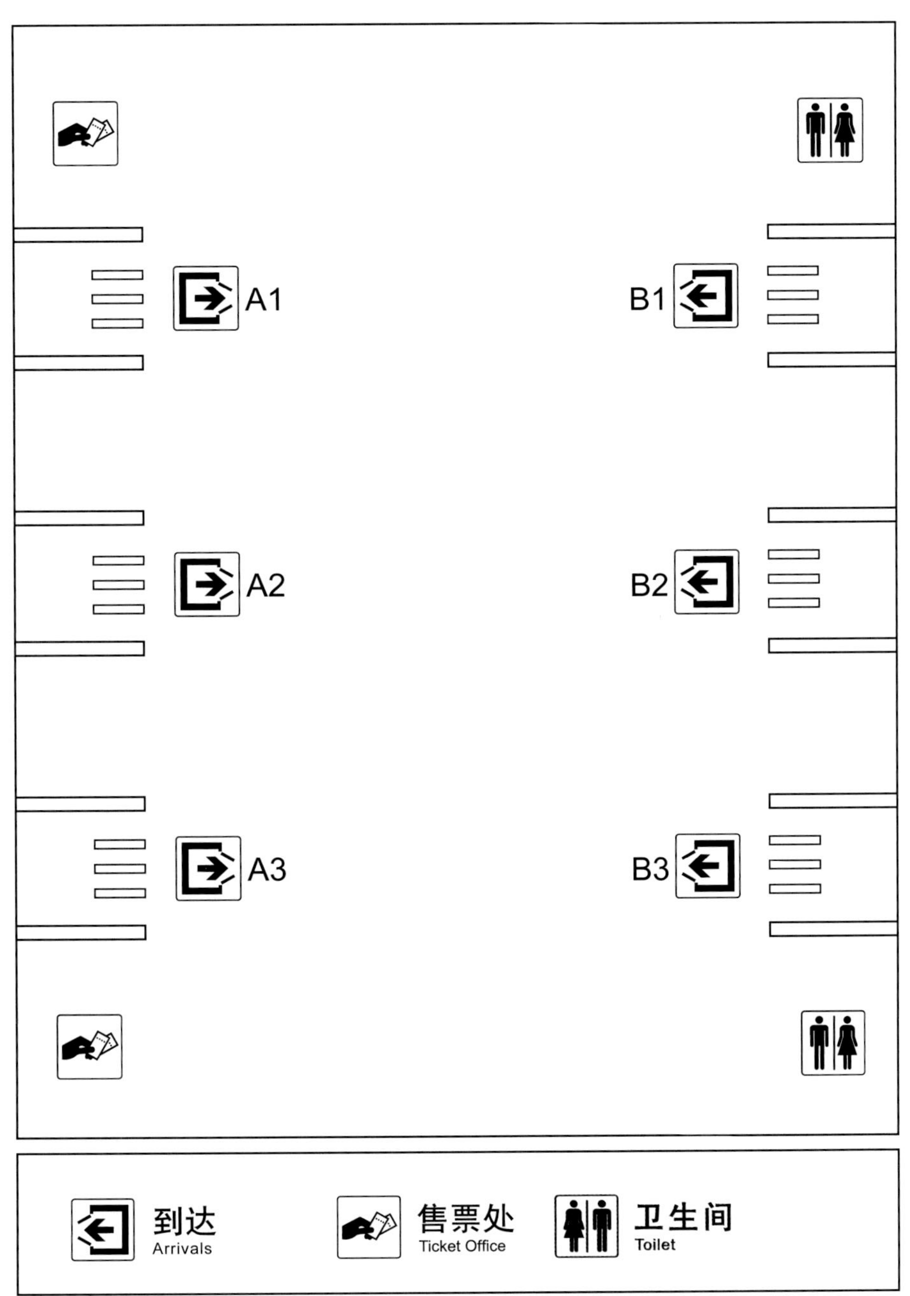

7.5 出站口编号原则

当车站有多个出站口时，各出站口宜采用字母或字母与数字组合的方式编号。

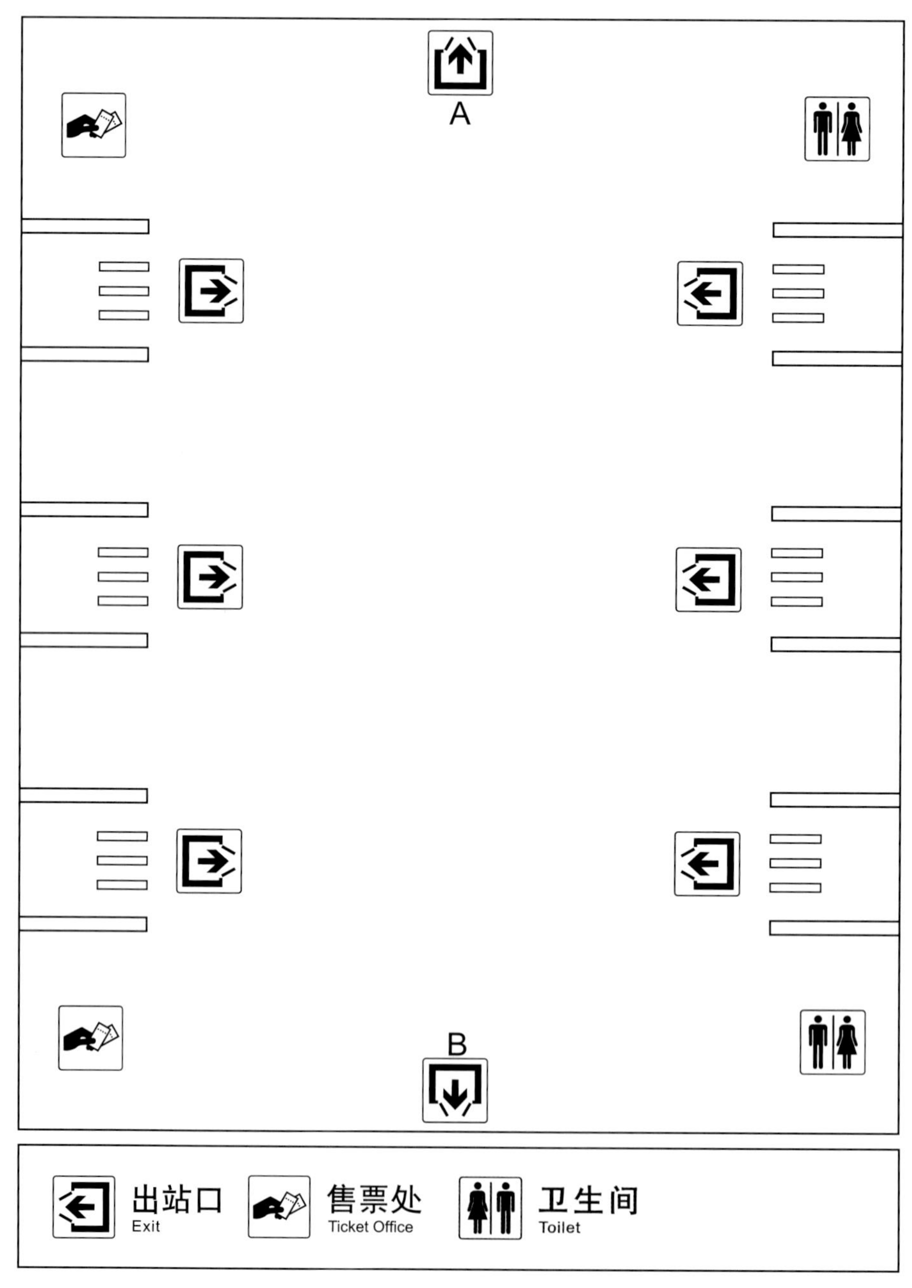

7.6 售票处编号原则

当车站内有多个售票处时，各售票处宜采用数字编号，编号顺序按照从小到大顺时针排列。当站房的不同楼层都有售票处时，宜以底层为基点，从下层往上层，顺序编号。

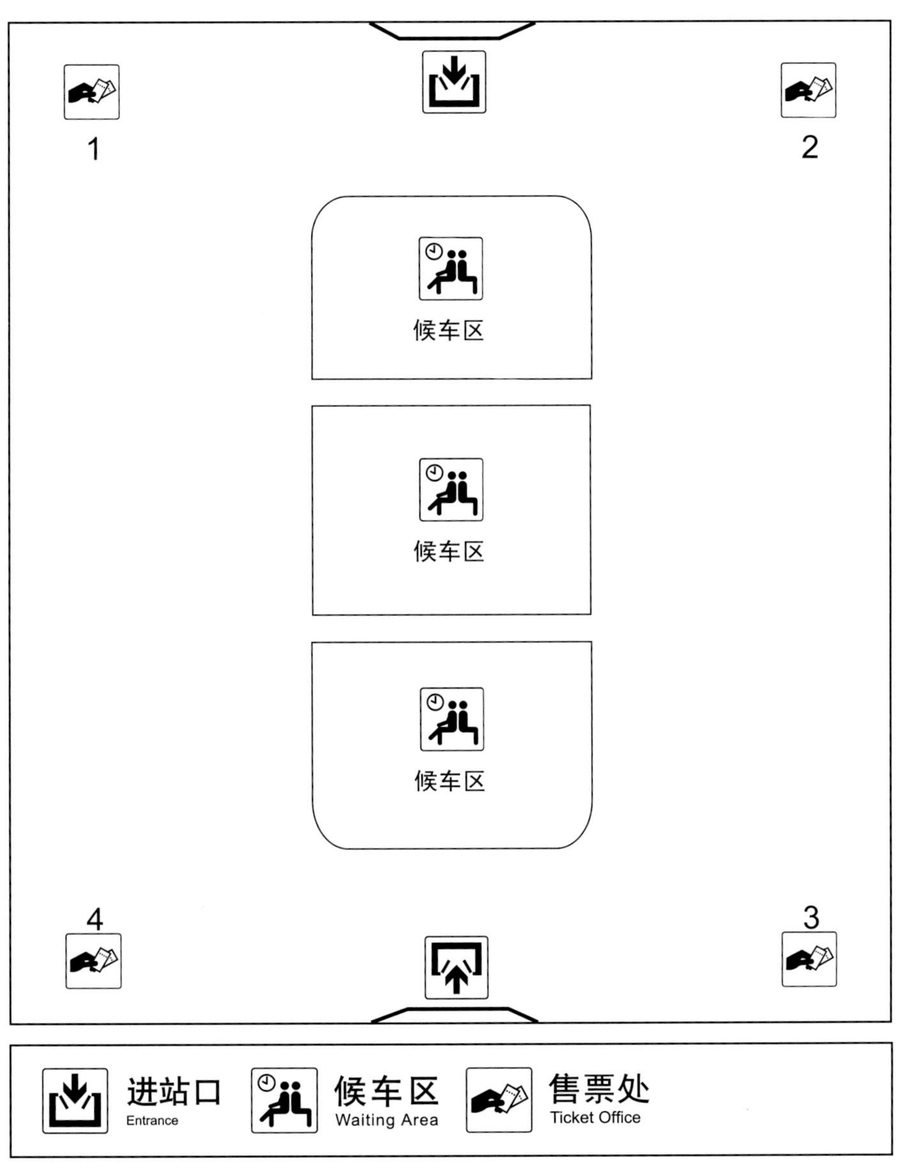

7 编号原则

7.7 候车区编号原则

车站候车区空间有分隔时，宜采用数字或数字与字母的组合方式编号。有专用候车区时，可采用数字、数字与字母组合或以其功能命名的方式。

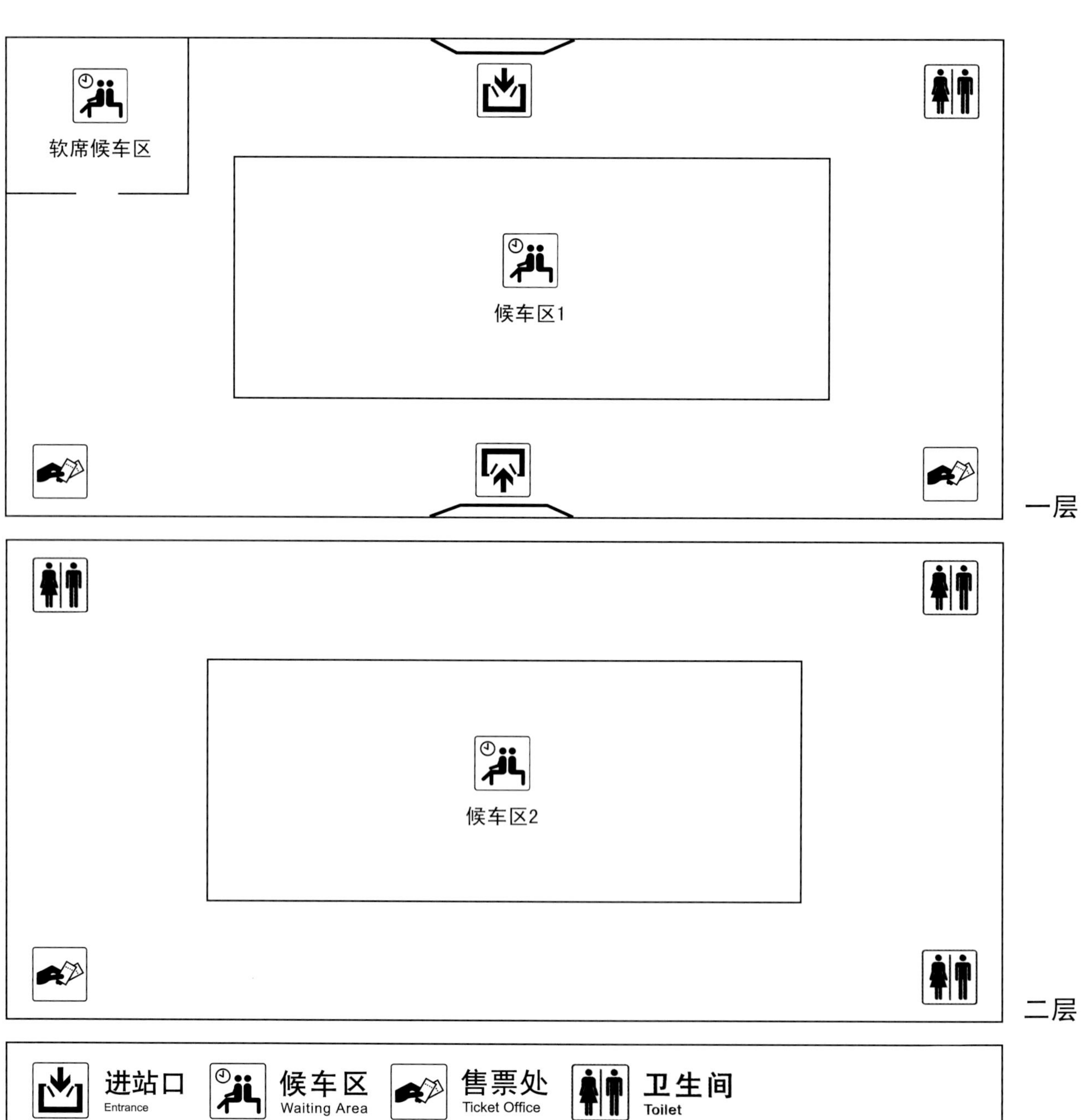

五、制作工艺结构指南

1 总体要求

为完善和统一铁路旅客车站导向标志设施的外观、内部结构及技术标准，提高铁路客运服务质量，本部分从制作材料、发光形式、表面处理、后期维护、安全防护及安装方式等多方面对导向标志系统进行了规范，以达到统一铁路旅客车站视觉形象的目的。设计方案遵循经济合理，坚固安全，适用性强，质量可靠的原则，力求使导向设施信息传达准确、高效，造型简洁，与车站整体环境相协调。

1.1 制作材料

设施材料以铝合金型材为主，生产简便，重量轻，表面光洁，形态挺拔，长度可控，断面形态可根据需要单独设计，组装快捷，可灵活选装其他各类卡件，内部布线整齐方便。

1.2 发光形式

导向标志设施采用内发光灯箱，信息可视距离远，信息清晰，传达准确，各车站可根据自身的照明条件，如外部照明条件较好，可关闭设施内的光源。灯箱内的光源要考虑长远的节能效果，宜采用长寿命、高亮度和易维护的发光材料。

导向标志的发光材料分为荧光灯管和LED两类。荧光灯管为常规材料，造价较低，后期维护更换比较方便，但能耗高。LED为新型发光材料，与荧光灯管相比，单次的造价高，但光照均匀，能耗低，使用寿命长。条件允许的情况下宜采用LED光源。

两种导向标志灯箱光源的能耗、造价及使用成本分析（每平方米标识灯箱）：

	光源(套)	单套功率(W)	总功率(kW)	年耗电(kW·h)	单价(元/套)	造价合计(元)	使用期(h)	备注
荧光灯管	5	36	0.18	1 577	66	330	6 000	每平米标识需安装5套荧光灯具。荧光灯管价格以飞利浦电感式三基色一拖一（灯管+镇流器）套装当前市场采购价核算。
LED光源	100	0.24	0.024	210	22	2 200	50 000	每平米标识需安装100片LED光源。LED光源价格以飞利浦冷白中功率套装当前市场采购价核算。

针对客运车站的标志灯箱选用光源方面，荧光灯管寿命短、维修频率高、耗电量大、使用成本高，LED光源寿命长、节能性高、使用成本低，具备一定的比较优势。

1.3 表面处理

设施表面应采用亚光材料和亚光处理方式，降低反射率，避免周围环境对信息的干扰。

1.4 后期维护

灯箱采用翻盖或开门式，便于内部照明材料的更换和日常维护。

1.5 安全防护

落地类设施两侧要有加强立柱或防护圈，防止旅客的行李箱的碰撞。立柱的边角半径不能小于8 mm，避免造成人身伤害。

1.6 安装方式

为适应各站点的空间特点，将信息引导设施的设置方式分为贴附类、吊挂类、悬挑类、立地类、立柱类等几大类。

1 总体要求

1.6.1 贴附类设施导向标志附着于建筑物墙体表面，标志设施位置有墙体可供使用时可采用贴附式安装方式，此类设施皆以单面灯箱形式出现，适用于候车区、通道等空间。

1.6.2 吊挂类设施安装于建筑的顶部，由上垂挂下来，适用层高在3~10 m，顶部有承重结构的空间。

1.6.3 悬挑类设施垂直与墙体、立柱等建筑物的承重结构，适用于通道等空间。

1.6.4 立地类设施信息版面整体垂直于地面，形式可分为单面和双面两类，适用于信息密集的路口、出入口等位置。

1.6.5 立柱类设施指信息显示为横向，需要有一定的显示高度同时建筑顶部无法悬挂时，以立柱方式将信息主体结构承托于一定高度的设施，适用于扶梯、检票口等处。

2 标志设施工艺说明

2.1 贴附式标志

2.1.1 贴附式标志示意图

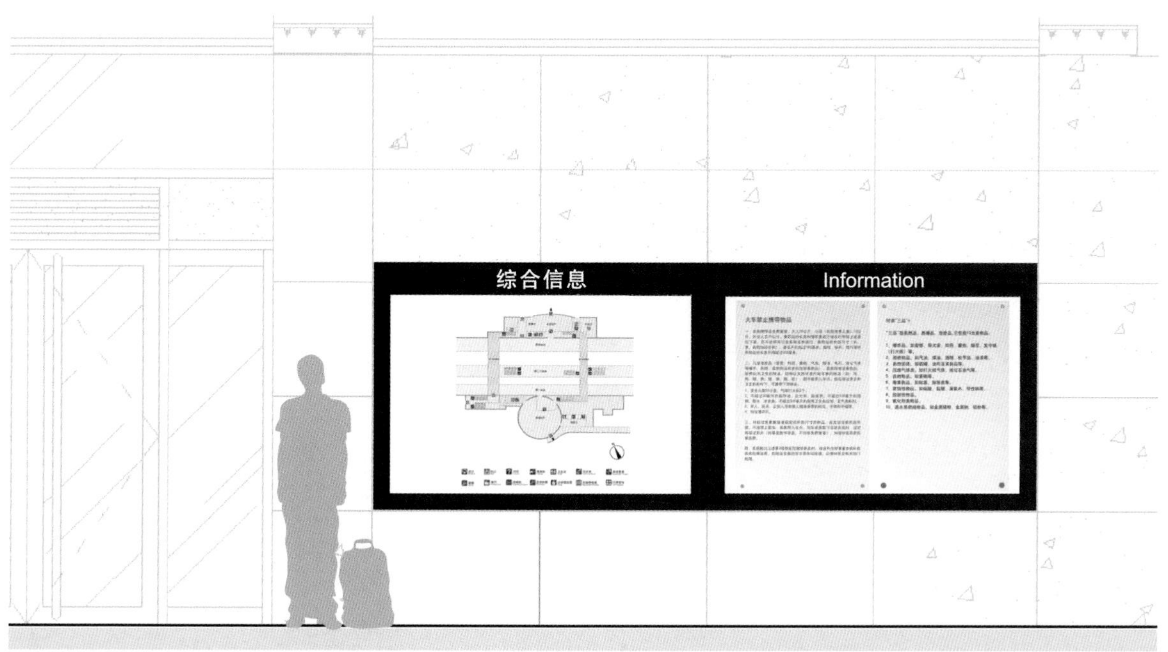

2 标志设施工艺说明

2.1.2 贴附式标志工艺图

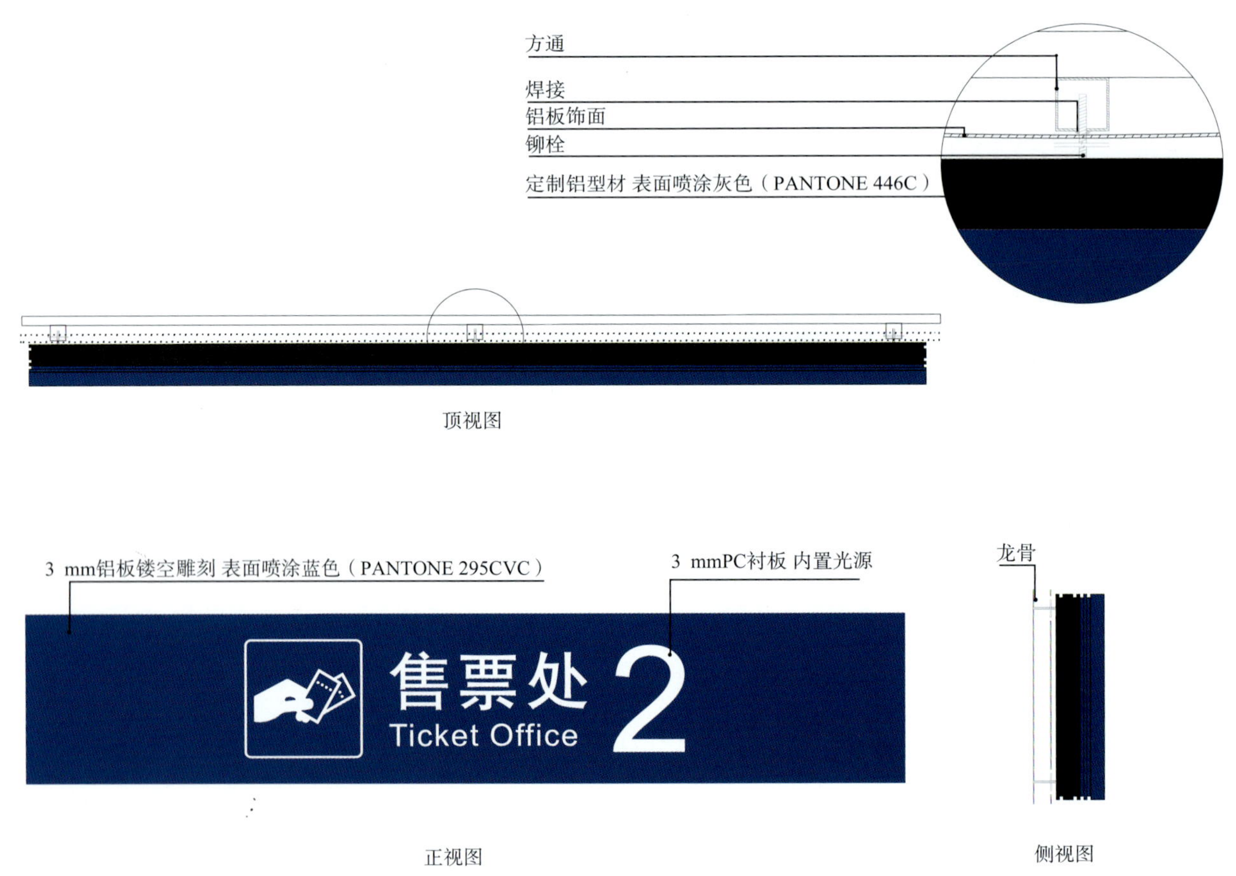

顶视图

正视图

侧视图

顶视图

正视图

侧视图

2.2 吊挂式标志

2.2.1 吊挂式标志示意图

2 标志设施工艺说明

2.2.2 吊挂式标志工艺图

顶视图

正视图

侧视图

2.3 悬挑式标志

2.3.1 悬挑式标志示意图

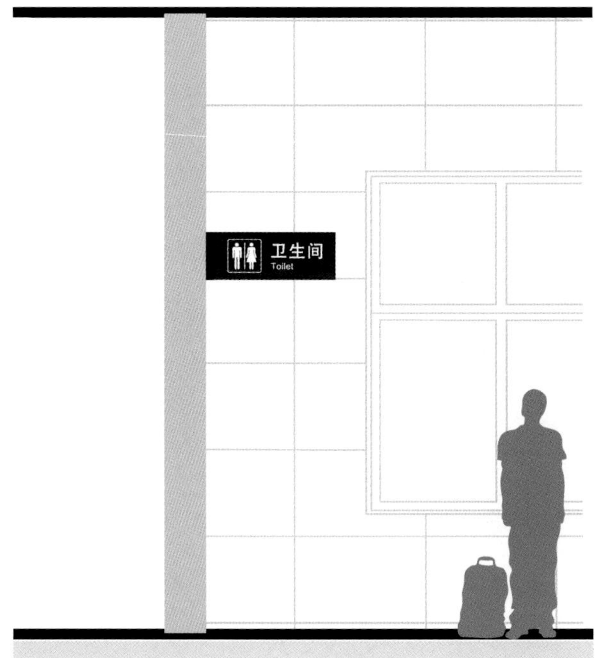

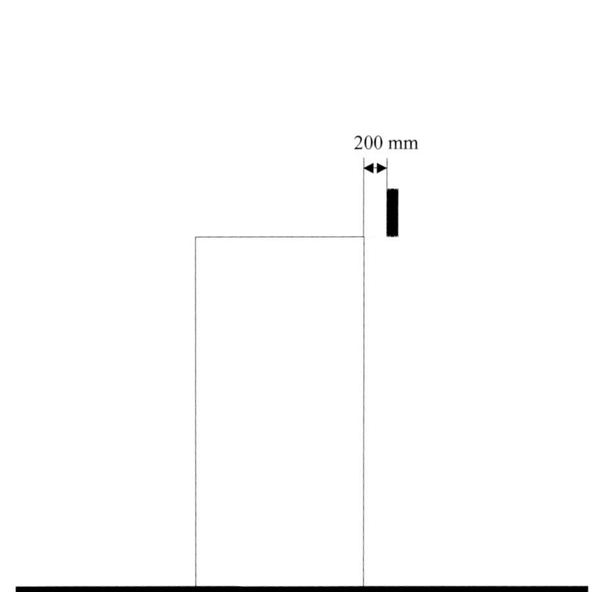

2.3.2 悬挑式标志工艺图

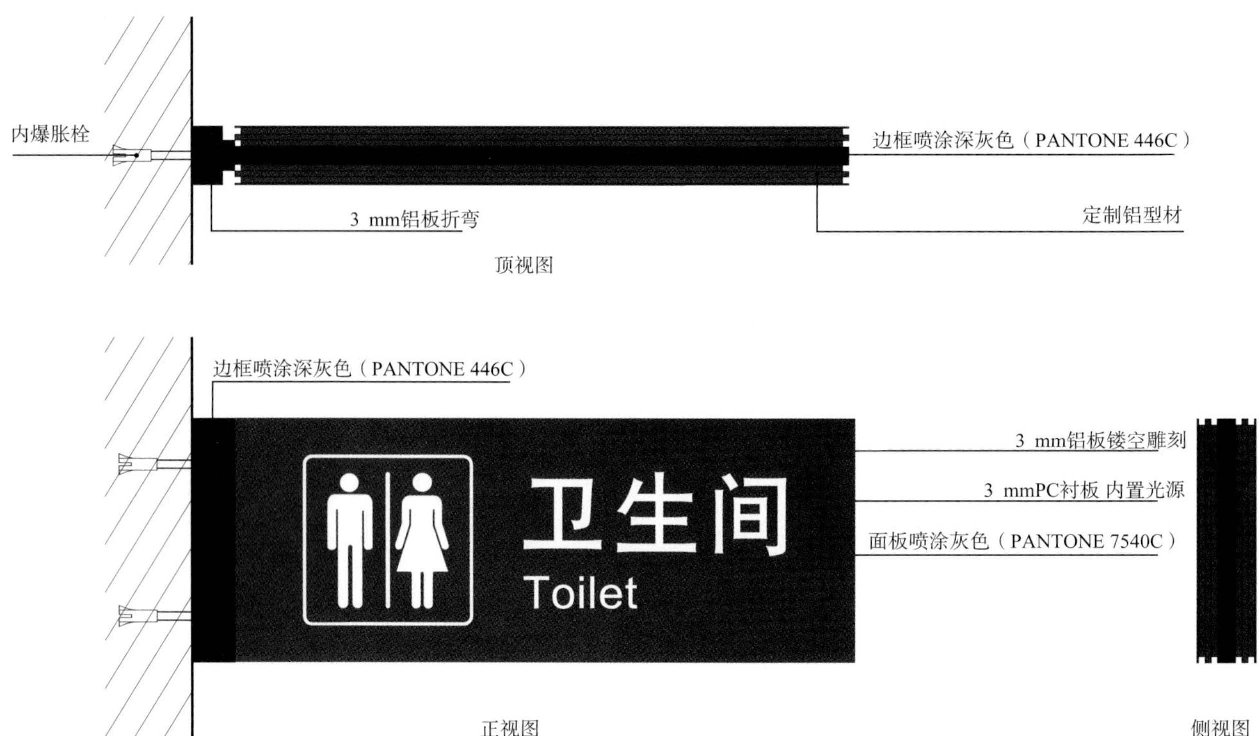

2.4 立地式标志

2.4.1 立地式标志示意图

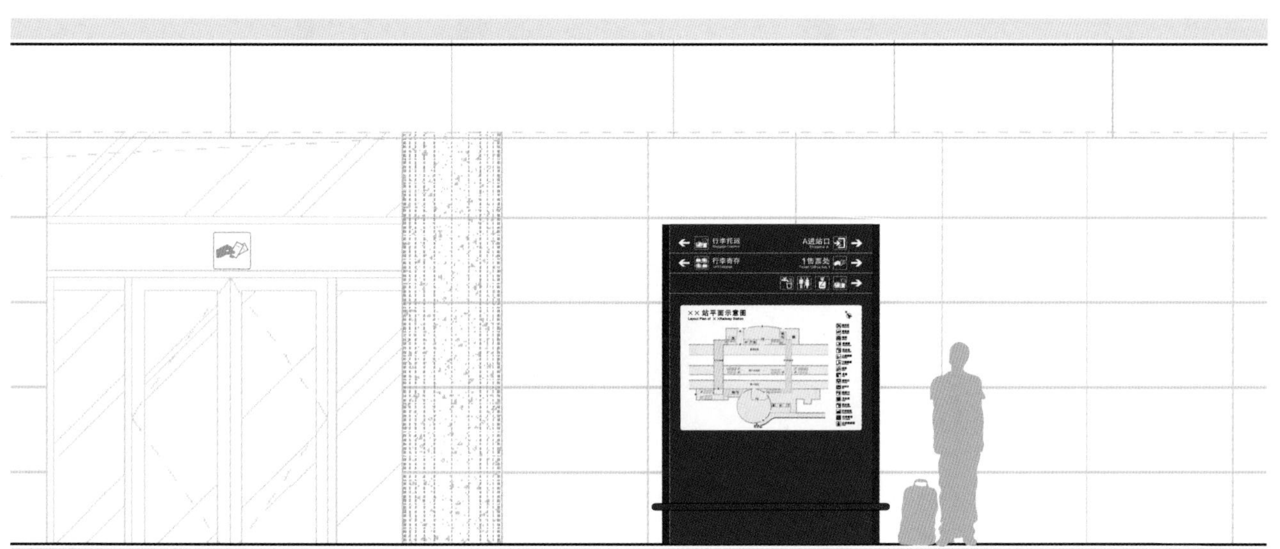

2.4.2 立地式标志工艺图

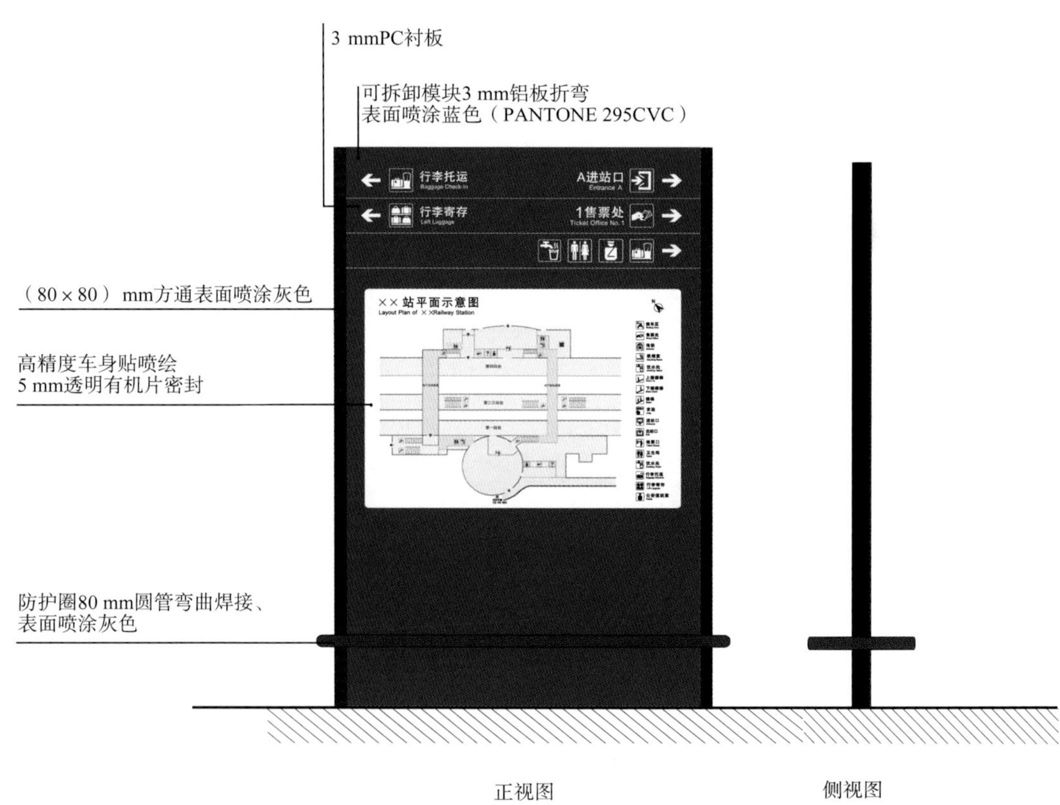

正视图 侧视图

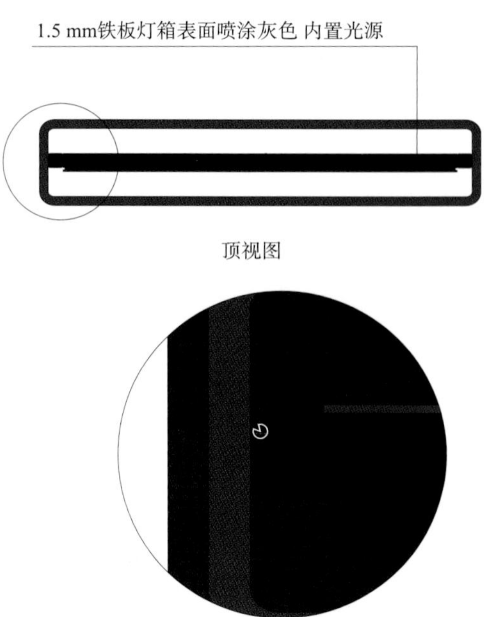

顶视图

2.5 立柱式标志

2.5.1 立柱式标志示意图

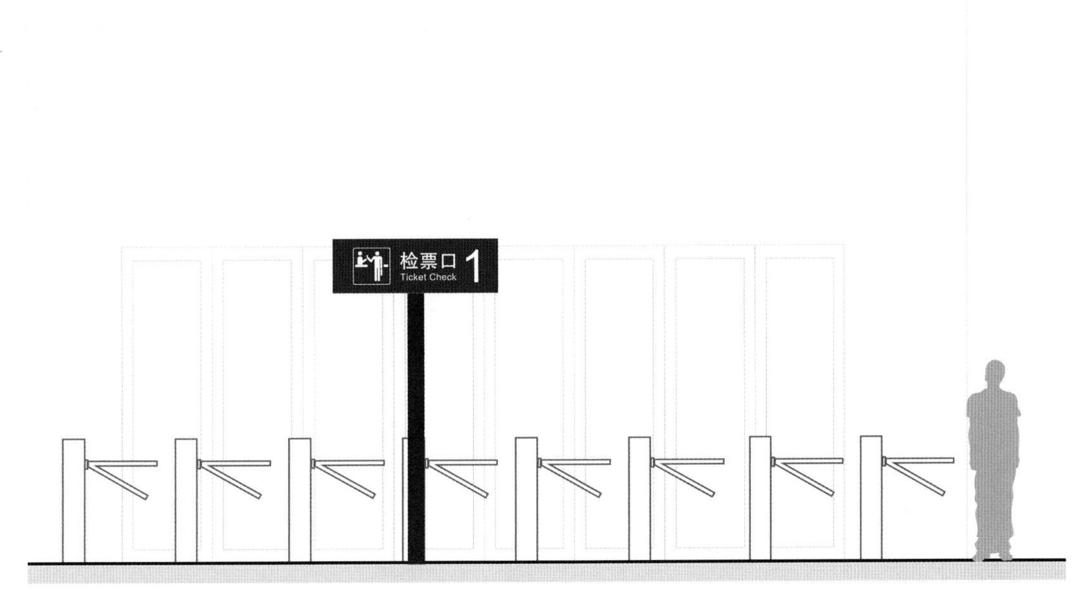

2.5.2 立柱式标志工艺图

六、标志详解

1 进站导向系统

1.1 来站导向——站名标志

设置位置：

站房主体建筑墙体或顶部。

设置内容：

站名，使旅客能快速识别所到旅客车站。站名中相应城市名称的英文翻译采用汉语拼音，如果站名中除城市名称外还附带方位名称，如东/南/西/北，则方位名称采用相应英文单词，而不用汉语拼音表述。

设计原则：

字体的选用应从车站建筑及人文环境出发，与旅客车站房建筑的外观风格相匹配。

材料及工艺：

亚克力发光立体字。

采用LED光源。

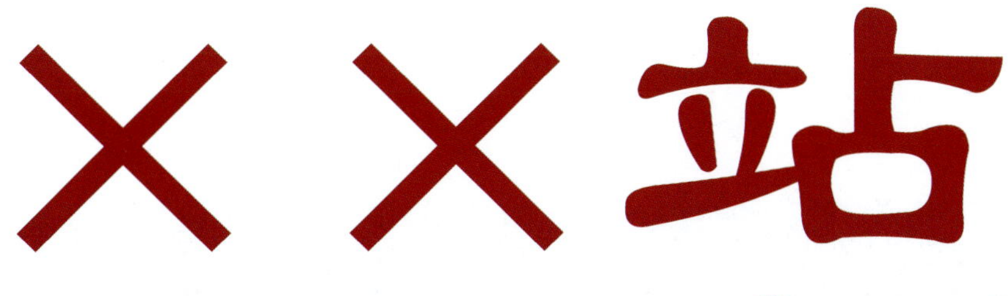

1 进站导向系统

1.2 来站导向——综合导向标志

设置位置：

站前广场客流集中的位置。

设置内容：

进站口、售票处、行包房、出站口等车站各主要功能分区方位，使旅客能快速识别所去往区域的具体位置。

设计原则：

图标：依据中华人民共和国国家标准。

GB/T 10001 标志用公共信息图形符号

GB/T 15566 公共信息导向系统设置原则与要求

GB/T 20501 公共信息导向系统要素的设计原则与要求

中文字体：汉仪中黑简。

英文字体：Arial Regular。

标 准 色：蓝色（PANTONE 295CVC）。

材料及工艺：

面板：3 mm铝板雕刻，表面喷塑或烤漆。

衬板：3 mm乳白有机板。

边框：定制铝材，表面喷涂或烤漆。

光源：采用LED照明或荧光灯管。

1.3 来站导向——平面图综合导向标志

设置位置：

进站流线旅客较集中的位置，主要来站、进站通道路口处。

设置内容：

进站口、售票处、行包房、出站口等车站各主要功能分区方位，以及车站的平面示意图使旅客对车站整体空间布局有个清晰的认识，并能快速识别所去往区域的具体位置。

设计原则：

图标：依据中华人民共和国国家标准。

GB/T 10001　标志用公共信息图形符号

GB/T 15566　公共信息导向系统设置原则与要求

GB/T 20501　公共信息导向系统要素的设计原则与要求

中文字体：汉仪中黑简。

英文字体：Arial Regular。

标 准 色：蓝色（PANTONE 295CVC）。

材料及工艺：

立　柱：（80 × 80）mm方通表面喷涂灰色（PANTONE 446C）。

面　板：可插接组合模块。

内　容：图形文字3 mm铝板雕刻内衬3 mm乳白有机片。

平面图：高精度车身贴喷绘，5 mm透明有机片密封。

底　座：配重底座表面喷涂灰色。

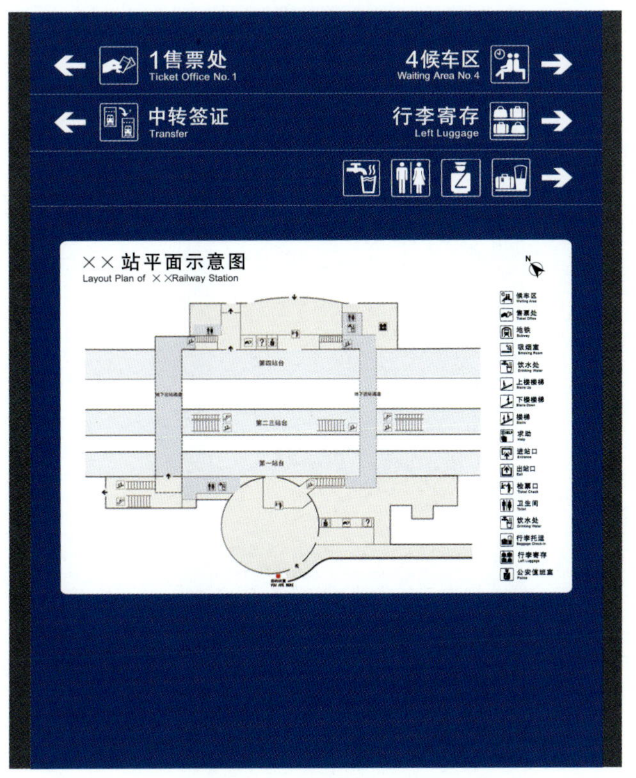

1　进站导向系统

1.4　来站导向——平面图

设置位置：

进站流线旅客较集中的位置，主要来站、进站通道路口处。

设置内容：

车站平面示意图。

设计原则：

图标：依据中华人民共和国国家标准。

GB/T 10001　标志用公共信息图形符号

GB/T 15566　公共信息导向系统设置原则与要求

GB/T 20501　公共信息导向系统要素的设计原则与要求

中文字体：汉仪中黑简。

英文字体：Arial Regular。

标 准 色：蓝色（PANTONE 295CVC）。

材料及工艺：

立　柱：（80 × 80）mm方通表面喷涂灰色（PANTONE 446C）。

面　板：可插接组合模块。

内　容：图形文字3 mm铝板雕刻内衬3 mm乳白有机片。

平面图：高精度车身贴喷绘，5 mm透明有机片密封。

底　座：配重底座表面喷涂灰色。

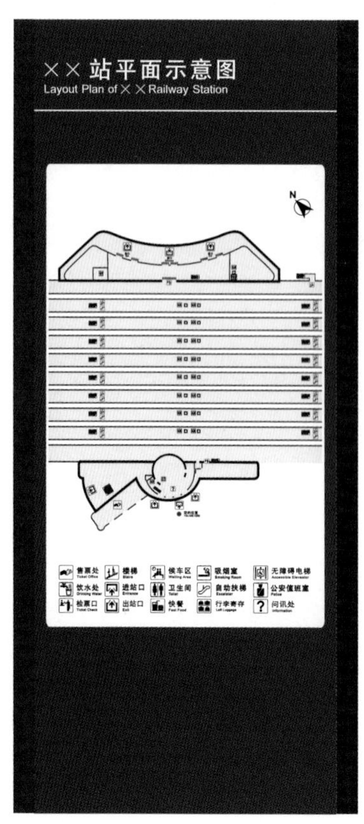

1.5　联络导向——集散厅外导向标志

设置位置：

车站各主要功能区域出口外侧。

设置内容：

售票处、候车区、行包房等图形符号及中英文，使旅客能清晰地分辨出所要找的区域方位和行进路线。

设计原则：

图标：依据中华人民共和国国家标准。

GB/T 10001　标志用公共信息图形符号

GB/T 15566　公共信息导向系统设置原则与要求

GB/T 20501　公共信息导向系统要素的设计原则与要求

中文字体：汉仪中黑简。

英文字体：Arial Regular。

标 准 色：蓝色（PANTONE 295CVC）。

材料及工艺：

面板：3 mm铝板雕刻，表面喷塑或烤漆。

衬板：3 mm乳白有机板。

边框：定制铝材，表面喷涂或烤漆。

光源：采用LED照明或荧光灯管。

1 进站导向系统

1.6 联络导向——售票处外导向标志

设置位置：

售票处出口外侧。

设置内容：

候车区、中转签证、行包房等图形符号及中英文，使旅客能清晰地分辨出所要找的区域方位和行进路线。

设计原则：

图标：依据中华人民共和国国家标准。

GB/T 10001 标志用公共信息图形符号

GB/T 15566 公共信息导向系统设置原则与要求

GB/T 20501 公共信息导向系统要素的设计原则与要求

中文字体：汉仪中黑简。

英文字体：Arial Regular。

标 准 色：蓝色（PANTONE 295CVC）。

材料及工艺：

面板：3 mm铝板雕刻，表面喷塑或烤漆。

衬板：3 mm乳白有机板。

边框：定制铝材，表面喷涂或烤漆。

光源：采用LED照明或荧光灯管。

1.7　联络导向——行包房外导向标志

设置位置：
行包房出口外侧。

设置内容：
候车区、售票处等图形符号及中英文，使旅客能清晰地分辨出所要找的区域方位和行进路线。

设计原则：
图标：依据中华人民共和国国家标准。
GB/T 10001　标志用公共信息图形符号
GB/T 15566　公共信息导向系统设置原则与要求
GB/T 20501　公共信息导向系统要素的设计原则与要求
中文字体：汉仪中黑简。
英文字体：Arial Regular。
标 准 色：蓝色（PANTONE 295CVC）。

材料及工艺：
面板：3 mm铝板雕刻，表面喷塑或烤漆。
衬板：3 mm乳白有机板。
边框：定制铝材，表面喷涂或烤漆。
光源：采用LED照明或荧光灯管。

1.8 联络导向——中转旅客导向标志

设置位置：

站前广场邻近出站口的适当位置。

设置内容：

售票处、中转签证处、行包房图形符号及中英文，使旅客能清晰地分辨出所要找的区域方位和行进路线。

设计原则：

图标：依据中华人民共和国国家标准。

GB/T 10001 标志用公共信息图形符号

GB/T 15566 公共信息导向系统设置原则与要求

GB/T 20501 公共信息导向系统要素的设计原则与要求

中文字体：汉仪中黑简。

英文字体：Arial Regular。

标 准 色：蓝色（PANTONE 295CVC）。

材料及工艺：

面板：3 mm铝板雕刻，表面喷塑或烤漆。

衬板：3 mm乳白有机板。

边框：定制铝材，表面喷涂或烤漆。

光源：采用LED照明或荧光灯管。

1.9 售票处——售票处位置标志

设置位置：
售票处入口门头。

设置内容：
“售票处”图形符号及中英文，使旅客能清晰地分辨出售票处的位置。

设计原则：
图标：依据中华人民共和国国家标准。
GB/T 10001 标志用公共信息图形符号
GB/T 15566 公共信息导向系统设置原则与要求
GB/T 20501 公共信息导向系统要素的设计原则与要求
中文字体：汉仪中黑简。
英文字体：Arial Regular。
标 准 色：蓝色（PANTONE 295CVC）。

材料及工艺：
面板：3 mm铝板雕刻，表面喷塑或烤漆。
衬板：3 mm乳白有机板。
边框：定制铝材，表面喷涂或烤漆。
光源：采用LED照明或荧光灯管。

1.10　售票处——售票窗口位置标志

设置位置：
售票窗口顶部。

设置内容：
售票窗口、退票窗口、窗口编号等各柜台功能划分，以及相关售票具体信息。

设计原则：
图标：依据中华人民共和国国家标准。

GB/T 15566　公共信息导向系统设置原则与要求

GB/T 20501　公共信息导向系统要素的设计原则与要求

数字字体：Arial Regular。

标 准 色：蓝色（PANTONE 295CVC）。

材料及工艺：
面板：3 mm铝板雕刻，表面喷塑或烤漆。

衬板：3 mm乳白有机板。

边框：定制铝材，表面喷涂或烤漆。

光源：采用LED照明或荧光灯管。

1.11　售票处——自动售票位置标志

设置位置：
售票区自动售票处（有专用自动售票区域时使用该标志）及自动售票机附近。
设置内容：
“自动售票”图形符号及中英文，使旅客能清晰地分辨出自动售票处或自动售票机的具体位置。
设计原则：
图标：依据中华人民共和国国家标准。
GB/T 10001　标志用公共信息图形符号
GB/T 15566　公共信息导向系统设置原则与要求
GB/T 20501　公共信息导向系统要素的设计原则与要求
中文字体：汉仪中黑简。
英文字体：Arial Regular。
标 准 色：蓝色（PANTONE 295CVC）。
材料及工艺：
面板：3 mm铝板雕刻，表面喷塑或烤漆。
衬板：3 mm乳白有机板。
边框：定制铝材，表面喷涂或烤漆。
光源：采用LED照明或荧光灯管。

1.12 售票处——中转签证位置标志

设置位置：

中转签证入口门头或柜台窗口顶部。

设置内容：

“中转签证”图形符号及中英文，使旅客能清晰地分辨出办理中转签证的位置。

设计原则：

图标：依据中华人民共和国国家标准。

GB/T 10001 标志用公共信息图形符号

GB/T 15566 公共信息导向系统设置原则与要求

GB/T 20501 公共信息导向系统要素的设计原则与要求

中文字体：汉仪中黑简。

英文字体：Arial Regular。

标 准 色：蓝色（PANTONE 295CVC）。

材料及工艺：

面板：3 mm铝板雕刻，表面喷塑或烤漆。

衬板：3 mm乳白有机板。

边框：定制铝材，表面喷涂或烤漆。

光源：采用LED照明或荧光灯管。

1.13 售票处——平面图

设置位置：
售票处进出口处。
设置内容：
车站平面图，相应的图形符号及中英文，使旅客能清晰地了解车站总体空间布局。
设计原则：
图标：依据中华人民共和国国家标准。
GB/T 10001 标志用公共信息图形符号
GB/T 15566 公共信息导向系统设置原则与要求
GB/T 20501 公共信息导向系统要素的设计原则与要求
中文字体：汉仪中黑简。
英文字体：Arial Regular。
数字字体：Arial Regular。
标 准 色：蓝色（PANTONE 295CVC）。
材料及工艺：
立 柱：（80 × 80）mm方通表面喷涂灰色（PANTONE 446C）。
面 板：可插接组合模块。
内 容：图形文字3 mm铝板雕刻内衬3 mm乳白有机片。
平面图：高精度车身贴喷绘，5 mm透明有机片密封。
底 座：配重底座表面喷涂灰色。

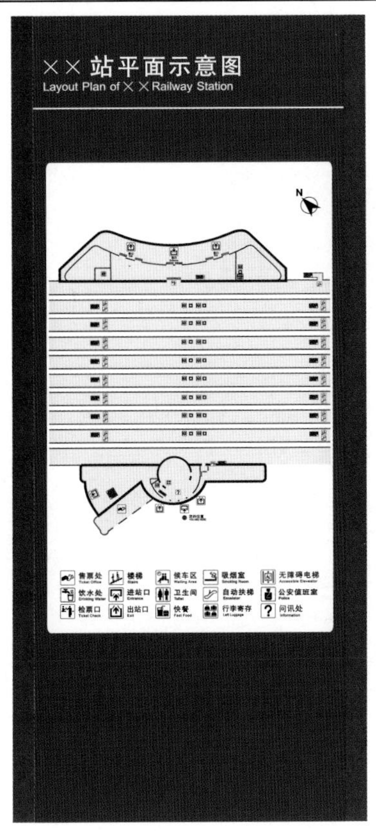

1.14 集散厅——进站口位置标志

设置位置：
进站口入口处门头。

设置内容：
“进站口”图形符号及中英文，使旅客能清晰地分辨出进站位置。

设计原则：
图标：依据中华人民共和国国家标准。
GB/T 10001　标志用公共信息图形符号
GB/T 15566　公共信息导向系统设置原则与要求
GB/T 20501　公共信息导向系统要素的设计原则与要求
中文字体：汉仪中黑简。
英文字体：Arial Regular。
数字字体：Arial Regular。
标 准 色：蓝色（PANTONE 295CVC）。

材料及工艺：
面板：3 mm铝板雕刻，表面喷塑或烤漆。
衬板：3 mm乳白有机板。
边框：定制铝材，表面喷涂或烤漆。
光源：采用LED照明或荧光灯管。

当标志单体长度大于标志组合宽度的3倍时，如果两端超长部分大于标志组合宽度的1.5倍，则可用单独的图形符号居中填充两端超长留白处。

1.15 集散厅——平面图综合导向标志

设置位置：

集散厅主入口及主要通道处。

设置内容：

候车区内各分区及其他功能区、各项服务设施的方位导向，以及车站平面示意图。使旅客能快速分辨出前往各区域的行进路线，并对候车区的整体布局有清晰的了解。

设计原则：

图标：依据中华人民共和国国家标准。

GB/T 10001　标志用公共信息图形符号

GB/T 15566　公共信息导向系统设置原则与要求

GB/T 20501　公共信息导向系统要素的设计原则与要求

中文字体：汉仪中黑简。

英文字体：Arial Regular。

数字字体：Arial Regular。

标 准 色：蓝色（PANTONE 295CVC）。

材料及工艺：

立　柱：（80 × 80）mm方通表面喷涂灰色（PANTONE 446C）。

面　板：可插接组合模块。

内　容：图形文字3 mm铝板雕刻内衬3 mm乳白有机片。

平面图：高精度车身贴喷绘，5 mm透明有机片密封。

底　座：配重底座表面喷涂灰色。

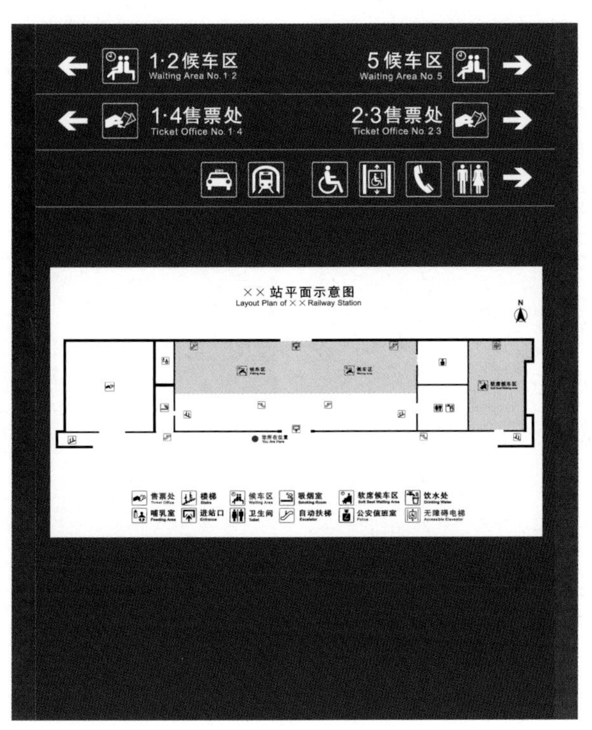

1.16 集散厅——综合导向标志

设置位置：

连接各候车区的主要通道内。

设置内容：

各候车区及其他公共服务设施的方位导向，使旅客能清晰地分辨出前往各候车区域的行进路线。

设计原则：

图标：依据中华人民共和国国家标准。

GB/T 10001 标志用公共信息图形符号

GB/T 15566 公共信息导向系统设置原则与要求

GB/T 20501 公共信息导向系统要素的设计原则与要求

中文字体：汉仪中黑简。

英文字体：Arial Regular。

数字字体：Arial Regular。

标 准 色：蓝色（PANTONE 295CVC）。

材料及工艺：

立柱：（80 × 80）mm方通表面喷涂灰色（PANTONE 446C）。

面板：可插接组合模块。

内容：图形文字3 mm铝板雕刻内衬3 mm乳白有机片。

底座：配重底座表面喷涂灰色（PANTONE 7540C）。

1.17 候车区——分区位置标志

设置位置：

候车区各分区入口处门头或墙体。

设置内容：

“候车区”图形符号、编号、中英文及候车车次信息屏，候车车次信息屏宜显示在该候车区候车的车次信息，使旅客能清晰地分辨出候车区的区域划分，并迅速找到自己候车的相应区域。

设计原则：

图标：依据中华人民共和国国家标准。

GB/T 10001　标志用公共信息图形符号

GB/T 15566　公共信息导向系统设置原则与要求

GB/T 20501　公共信息导向系统要素的设计原则与要求

中文字体：汉仪中黑简。

英文字体：Arial Regular。

数字字体：Arial Regular。

标 准 色：蓝色（PANTONE 295CVC）。

材料及工艺：

面板：3 mm铝板雕刻，表面喷塑或烤漆。

衬板：3 mm乳白有机板。

边框：定制铝材，表面喷涂或烤漆。

光源：采用LED照明或荧光灯管。

数字编号的候车区独立导向标志

文字命名的候车区独立导向标志

数字编号的候车区组合屏导向标志

1.18 候车区——检票口位置标志

设置位置：

各检票口。

设置内容：

检票口编号、图形符号及检票信息屏，检票信息屏宜显示车次、始发站、终到站、开车时刻、停靠站台和状态信息，使旅客能清晰地分辨出自己进站上车的相应检票口的具体位置，及时了解检票时间、车次等相关信息。

设计原则：

图标：依据中华人民共和国国家标准。

GB/T 10001 标志用公共信息图形符号

GB/T 15566 公共信息导向系统设置原则与要求

GB/T 20501 公共信息导向系统要素的设计原则与要求

数字字体：Arial Regular。

标 准 色：蓝色（PANTONE 295CVC）。

材料及工艺：

面板：3 mm铝板雕刻，表面喷塑或烤漆。

衬板：3 mm乳白有机板。

边框：定制铝材，表面喷涂或烤漆。

光源：采用LED照明或荧光灯管。

检票口与站台对应时，单体版面信息应省略文字标志，只保留检票口数字编号。

2 C2047 ××站 开往 ××站 开点 16：50 → 3

检票口与站台不对应时，单体版面信息应同时出现数字符号与文字标志。

2 检票口 Ticket Check C2047 ××站 开往 ××站 开点 16：50 → 3 检票口 Ticket Check

1.19　进站通道——站台号导向标志

设置位置：

进站天桥或地道通往各站台的入口处。

设置内容：

站台编号、“站台”中英文以及信息显示屏，信息显示屏宜显示当前发（到）车次、始发站和终到站等信息，使旅客能清晰地分辨出自己进站上车所对应的站台位置。

设计原则：

图标：依据中华人民共和国国家标准。

GB/T 15566　公共信息导向系统设置原则与要求

GB/T 20501　公共信息导向系统要素的设计原则与要求

中文字体：汉仪中黑简。

英文字体：Arial Regular。

数字字体：Arial Regular。

标 准 色：蓝色（PANTONE 295CVC）。

材料及工艺：

面板：3 mm铝板雕刻，表面喷塑或烤漆。

衬板：3 mm乳白有机板。

边框：定制铝材，表面喷涂或烤漆。

光源：采用LED照明或荧光灯管。

如果标志单体受空间高度及宽度局限，但定位清晰明确，单体版面信息中的导向箭头可省略。

1.20　站台——站台号位置标志

设置位置：

各站台上临近进站通道出入口的位置。

设置内容：

各站台编号及信息显示屏，信息显示屏宜显示发（到）车次、发（到）时间、发（到）站、晚点变更等信息，中间站台上的站台信息显示屏，应能够同时显示站台两侧的列车信息，且信息间应有明显区分。

设计原则：

图标：依据中华人民共和国国家标准。

GB/T 15566　公共信息导向系统设置原则与要求

GB/T 20501　公共信息导向系统要素的设计原则与要求

数字字体：Arial Regular。

标 准 色：蓝色(PANTONE 295CVC)。

材料及工艺：

面板：3 mm铝板雕刻，表面喷塑或烤漆。

衬板：3 mm乳白有机板。

边框：定制铝材，表面喷涂或烤漆。

光源：采用LED照明或荧光灯管。

独立静态屏形式的站台号位置标志，其版面信息应同时出现数字编号与文字标志。

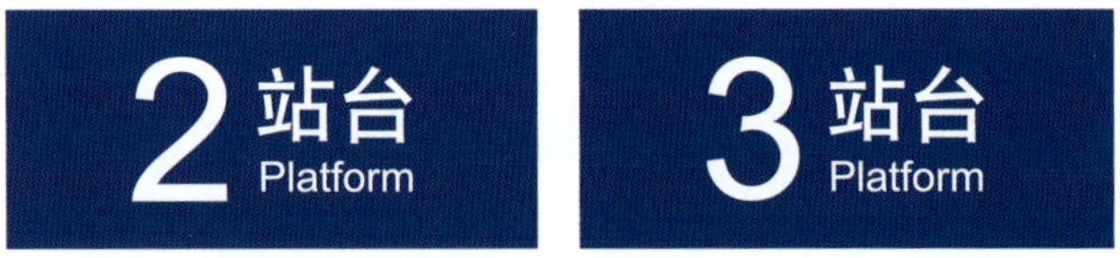

2 站台 Platform　3 站台 Platform

组合屏形式的基本站台位置标志，其版面信息应省略文字标志，只保留数字编号。

1　××站欢迎您

组合屏形式的中间站台位置标志，其版面信息应省略文字标志，只保留数字编号。

2　××站欢迎您　C2047 ××站 开往 ××站 开点 16：50 →　3

1.21 站台——站名位置标志

设置位置：

各站台上，平行或者垂直于轨道。

设置内容：

车站名称及中英文。站名牌平行于轨道的设置，使下车旅客能清晰地识别所到车站；站名牌垂直于轨道的设置，使在车上的旅客直接看到所到车站。站名中相应城市名称中英文翻译采用汉语拼音，如果站名中除城市名称外还附带方位名称，如东/南/西/北，方位名称宜采用相应英文单词。

设计原则：

图标：依据中华人民共和国国家标准。

GB/T 15566　公共信息导向系统设置原则与要求

GB/T 20501　公共信息导向系统要素的设计原则与要求

中文字体：汉仪中黑简。

英文字体：Arial Regular。

标 准 色：蓝色（PANTONE 295CVC）。

材料及工艺：

面板：3 mm铝板雕刻，表面喷塑或烤漆。

衬板：3 mm乳白有机板。

边框：定制铝材，表面喷涂或烤漆。

光源：采用LED照明或荧光灯管。

×× 站

×× Railway Station

2　出站导向系统

2.1　站台——出站口导向标志

设置位置：

各站台旅客出站流线上。

设置内容：

“出站口”图形符号及中英文，使旅客能清晰地分辨出前往的出站口的具体方位。

设计原则：

图标：依据中华人民共和国国家标准。

GB/T 10001　标志用公共信息图形符号

GB/T 15566　公共信息导向系统设置原则与要求

GB/T 20501　公共信息导向系统要素的设计原则与要求

中文字体：汉仪中黑简。

英文字体：Arial Regular。

标 准 色：绿色（PANTONE 329CVC）。

材料及工艺：

面板：3 mm铝板雕刻，表面喷塑或烤漆。

衬板：3 mm乳白有机板。

边框：定制铝材，表面喷涂或烤漆。

光源：采用LED照明或荧光灯管。

2.2 出站通道——出站口导向标志

设置位置：

出站通道内旅客出站流线上。

设置内容：

“出站口”图形符号及中英文，使旅客能清晰地分辨出前往的出站口的具体方位。

设计原则：

图标：依据中华人民共和国国家标准。

GB/T 10001　标志用公共信息图形符号

GB/T 15566　公共信息导向系统设置原则与要求

GB/T 20501　公共信息导向系统要素的设计原则与要求

中文字体：汉仪中黑简。

英文字体：Arial Regular。

标 准 色：绿色（PANTONE 329CVC）。

材料及工艺：

面板：3 mm铝板雕刻，表面喷塑或烤漆。

衬板：3 mm乳白有机板。

边框：定制铝材，表面喷涂或烤漆。

光源：采用LED照明或荧光灯管。

2 出站导向系统

2.3 出站通道——分流导向标志

设置位置：

出站通道内旅客出站流线上。

设置内容：

车站各出口名称及方位导向标志，使旅客能清晰地分辨出各出站口具体方向以及各出站口外临近公共设施、地理位置等信息。

设计原则：

图标：依据中华人民共和国国家标准。

GB/T 10001 标志用公共信息图形符号

GB/T 15566 公共信息导向系统设置原则与要求

GB/T 20501 公共信息导向系统要素的设计原则与要求

中文字体：汉仪中黑简。

英文字体：Arial Regular。

标 准 色：绿色（PANTONE 329CVC ）。

材料及工艺：

面板：3 mm铝板雕刻，表面喷塑或烤漆。

衬板：3 mm乳白有机板。

边框：定制铝材，表面喷涂或烤漆。

光源：采用LED照明或荧光灯管。

2.4 到达——到达位置标志

设置位置：

在大型综合交通枢纽站，当出站口与出站检票口不在同一位置时，出站检票口顶部设置“到达”位置标志。

设置内容：

“到达”图形符号及中英文，使旅客能清晰地分辨出站检票口位置。可与信息显示屏结合，显示到达车次信息。

设计原则：

图标：依据中华人民共和国国家标准。

GB/T 10001 标志用公共信息图形符号

GB/T 15566 公共信息导向系统设置原则与要求

GB/T 20501 公共信息导向系统要素的设计原则与要求

中文字体：汉仪中黑简。

英文字体：Arial Regular。

数字字体：Arial Regular。

标 准 色：绿色（PANTONE 329CVC）。

材料及工艺：

面板：3 mm铝板雕刻，表面喷塑或烤漆。

衬板：3 mm乳白有机板。

边框：定制铝材，表面喷涂或烤漆。

光源：采用LED照明或荧光灯管。

2　出站导向系统

2.5　出站口——出站口位置标志

设置位置：

当车站出站口与出站检票口不在同一位置时，在出站检票口顶部设置“到达”位置标志，在出站口出口处门头设置“出站口”位置标志。当车站出站口与出站检票口在同一位置时，出站检票口顶部设置“出站口”位置标志。

设置内容：

“出站口”图形符号及中英文，使旅客能清晰地分辨出站口位置。可与信息显示屏结合，显示到达车次信息。

设计原则：

图标：依据中华人民共和国国家标准。

GB/T 10001　标志用公共信息图形符号

GB/T 15566　公共信息导向系统设置原则与要求

GB/T 20501　公共信息导向系统要素的设计原则与要求

中文字体：汉仪中黑简。

英文字体：Arial Regular。

数字字体：Arial Regular。

标 准 色：绿色（PANTONE 329CVC）。

材料及工艺：

面板：3 mm铝板雕刻，表面喷塑或烤漆。

衬板：3 mm乳白有机板。

边框：定制铝材，表面喷涂或烤漆。

光源：采用LED照明或荧光灯管。

2.6 离站导向——综合导向标志

设置位置：

出站口外适当位置。

设置内容：

地铁、公共汽车、出租车、停车场、长途汽车站等交通设施的导向，使旅客对离站所需乘坐各类交通设施方位有所了解，方便客流迅速疏散。

设计原则：

图标：依据中华人民共和国国家标准。

GB/T 10001 标志用公共信息图形符号

GB/T 15566 公共信息导向系统设置原则与要求

GB/T 20501 公共信息导向系统要素的设计原则与要求

中文字体：汉仪中黑简。

英文字体：Arial Regular。

标 准 色：绿色（PANTONE 329CVC）。

材料及工艺：

面板：3 mm铝板雕刻，表面喷塑或烤漆。

衬板：3 mm乳白有机板。

边框：定制铝材，表面喷涂或烤漆。

光源：采用LED照明或荧光灯管。

2 出站导向系统

2.7 离站导向——街区导向图综合导向标志

设置位置：

出站通道出口处，到达口外。

设置内容：

街区导向图及各出口通往的换乘交通工具，使旅客对车站周边布局有个清晰的认识。

设计原则：

图标：依据中华人民共和国国家标准。

GB/T 10001 标志用公共信息图形符号

GB/T 15566 公共信息导向系统设置原则与要求

GB/T 20501 公共信息导向系统要素的设计原则与要求

中文字体：汉仪中黑简。

英文字体：Arial Regular。

标 准 色：绿色（PANTONE 329CVC）。

材料及工艺：

立柱：（80 × 80）mm方通表面喷涂灰色（PANTONE 446C）。

面板：可插接组合模块。

内容：图形文字3 mm铝板雕刻内衬3 mm乳白有机片。

街区导向图：高精度车身贴喷绘，5 mm透明有机片密封。

底座：配重底座表面喷涂灰色。

2.8　离站导向——街区导向图

设置位置：
车站出口外。
设置内容：
街区导向图，使旅客对车站周边地理环境有个清晰的认识。
设计原则：
图标：依据中华人民共和国国家标准。
GB/T 10001　标志用公共信息图形符号
GB/T 15566　公共信息导向系统设置原则与要求
GB/T 20501　公共信息导向系统要素的设计原则与要求
中文字体：汉仪中黑简。
英文字体：Arial Regular。
标 准 色：绿色（PANTONE 329CVC）。
材料及工艺：
立柱：（80 × 80）mm方通表面喷涂灰色（PANTONE 446C）。
面板：可插接组合模块。
内容：图形文字3 mm铝板雕刻内衬3 mm乳白有机片。
街区导向图：高精度车身贴喷绘，5 mm透明有机片密封。
底座：配重底座表面喷涂灰色。

3 公共服务系统

3.1 问讯处位置标志

设置位置：
问讯处。
设置内容：
问讯处图形符号及中英文，使旅客能清晰地分辨出问讯处的位置。
设计原则：
图标：依据中华人民共和国国家标准。
GB/T 15566 公共信息导向系统设置原则与要求
GB/T 20501 公共信息导向系统要素的设计原则与要求
中文字体：汉仪中黑简。
英文字体：Arial Regular。
标 准 色：灰色（PANTONE 7540C）。
材料及工艺：
面板：3 mm铝板雕刻，表面喷塑或烤漆。
衬板：3 mm乳白有机板。
边框：定制铝材，表面喷涂或烤漆。
光源：采用LED照明或荧光灯管。

3.2 自助查询位置标志

设置位置：
自助查询机位置。
设置内容：
“自助查询”图形符号及中英文，使旅客能清晰地分辨出自助查询机的位置。
设计原则：
图标：依据中华人民共和国国家标准。
GB/T 15566 公共信息导向系统设置原则与要求
GB/T 20501 公共信息导向系统要素的设计原则与要求
中文字体：汉仪中黑简。
英文字体：Arial Regular。
标 准 色：灰色（PANTONE 7540C）。
材料及工艺：
面板：3 mm铝板雕刻，表面喷塑或烤漆。
衬板：3 mm乳白有机板。
边框：定制铝材，表面喷涂或烤漆。
光源：采用LED照明或荧光灯管。

3.3 售站台票位置标志

设置位置：
售站台票设备所在位置。

设置内容：
“售站台票”图形符号及中英文，使旅客能清晰地分辨出售站台票机的位置。

设计原则：
图标：依据中华人民共和国国家标准。
GB/T 15566 公共信息导向系统设置原则与要求
GB/T 20501 公共信息导向系统要素的设计原则与要求
中文字体：汉仪中黑简。
英文字体：Arial Regular。
标 准 色：灰色（PANTONE 7540C）。

材料及工艺：
面板：3 mm铝板雕刻，表面喷塑或烤漆。
衬板：3 mm乳白有机板。
边框：定制铝材，表面喷涂或烤漆。
光源：采用LED照明或荧光灯管。

3.4　行李托运位置标志

设置位置：
行李托运处门头。
设置内容：
“行李托运”图形符号及中英文，使旅客能清晰地分辨出行李托运的具体位置。
设计原则：
图标：依据中华人民共和国国家标准。
GB/T 10001　标志用公共信息图形符号
GB/T 15566　公共信息导向系统设置原则与要求
GB/T 20501　公共信息导向系统要素的设计原则与要求
中文字体：汉仪中黑简。
英文字体：Arial Regular。
标 准 色：灰色（PANTONE 7540C）。
材料及工艺：
面板：3 mm铝板雕刻，表面喷塑或烤漆。
衬板：3 mm乳白有机板。
边框：定制铝材，表面喷涂或烤漆。
光源：采用LED照明或荧光灯管。

3.5 行李寄存位置标志

设置位置：

行李寄存处门头。

设置内容：

“行李寄存”图形符号及中英文，使旅客能清晰地分辨出行李寄存的具体位置。

设计原则：

图标：依据中华人民共和国国家标准。

GB/T 10001 标志用公共信息图形符号

GB/T 15566 公共信息导向系统设置原则与要求

GB/T 20501 公共信息导向系统要素的设计原则与要求

中文字体：汉仪中黑简。

英文字体：Arial Regular。

标 准 色：灰色（PANTONE 7540C）。

材料及工艺：

面板：3 mm铝板雕刻，表面喷塑或烤漆。

衬板：3 mm乳白有机板。

边框：定制铝材，表面喷涂或烤漆。

光源：采用LED照明或荧光灯管。

3.6 自助行李寄存位置标志

设置位置：
自助行李寄存柜附近墙面上。

设置内容：
“自助行李寄存”图形符号及中英文，使旅客能清晰地分辨出自助行李寄存柜的具体位置。

设计原则：
图标：依据中华人民共和国国家标准。
GB/T 10001 标志用公共信息图形符号
GB/T 15566 公共信息导向系统设置原则与要求
GB/T 20501 公共信息导向系统要素的设计原则与要求
中文字体：汉仪中黑简。
英文字体：Arial Regular。
标 准 色：灰色（PANTONE 7540C）。

材料及工艺：
即时贴膜。

3.7 卫生间位置标志

设置位置：
卫生间门头。
设置内容：
“卫生间”图形符号及中英文，使旅客能清晰地分辨出卫生间的具体位置。
设计原则：
图标：依据中华人民共和国国家标准。
GB/T 10001 标志用公共信息图形符号
GB/T 15566 公共信息导向系统设置原则与要求
GB/T 20501 公共信息导向系统要素的设计原则与要求
中文字体：汉仪中黑简。
英文字体：Arial Regular。
标 准 色：灰色（PANTONE 7540C）。
材料及工艺：
面板：3 mm铝板雕刻，表面喷塑或烤漆。
衬板：3 mm乳白有机板。
边框：定制铝材，表面喷涂或烤漆。
光源：采用LED照明或荧光灯管。

3.8 饮水处位置标志

设置位置：
饮水处门头。
设置内容：
“饮水处”图形符号及中英文，使旅客能清晰地分辨出饮水处的具体位置。
设计原则：
图标：依据中华人民共和国国家标准。
GB/T 10001 标志用公共信息图形符号
GB/T 15566 公共信息导向系统设置原则与要求
GB/T 20501 公共信息导向系统要素的设计原则与要求
中文字体：汉仪中黑简。
英文字体：Arial Regular。
标 准 色：灰色（PANTONE 7540C）。
材料及工艺：
面板：3 mm铝板雕刻，表面喷塑或烤漆。
衬板：3 mm乳白有机板。
边框：定制铝材，表面喷涂或烤漆。
光源：采用LED照明或荧光灯管。

3.9　公安值班位置标志

设置位置：
公安值班室门头。
设置内容：
"公安值班室"图形符号及中英文，使旅客能清晰地分辨出公安值班的具体位置。
设计原则：
图标：依据中华人民共和国国家标准。
GB/T 10001　标志用公共信息图形符号
GB/T 15566　公共信息导向系统设置原则与要求
GB/T 20501　公共信息导向系统要素的设计原则与要求
中文字体：汉仪中黑简。
英文字体：Arial Regular。
标 准 色：灰色（PANTONE 7540C ）。
材料及工艺：
面板：3 mm铝板雕刻，表面喷塑或烤漆。
衬板：3 mm乳白有机板。
边框：定制铝材，表面喷涂或烤漆。
光源：采用LED照明或荧光灯管。

3.10 求助设备位置标志

设置位置：
求助设备所在位置。
设置内容：
“求助”图形符号及中英文，使旅客能清晰地分辨出紧急求助机的位置。
设计原则：
图标：依据中华人民共和国国家标准。
GB/T 15566 公共信息导向系统设置原则与要求
GB/T 20501 公共信息导向系统要素的设计原则与要求
中文字体：汉仪中黑简。
英文字体：Arial Regular。
标 准 色：灰色（PANTONE 7540C）。
材料及工艺：
面板：3 mm铝板折弯。
内容：图形文字3 mm铝板雕刻内衬3 mm乳白有机片。
文字内容：高精度车身贴喷绘，5 mm透明有机片密封。
底座：配重底座表面喷涂灰色。

3.11 补票处位置标志

设置位置：
旅客出站通道临近出站检票口处提供补票服务的场所。
设置内容：
“补票处”图形符号及中英文，使旅客能清晰地分辨出补票处的位置。
设计原则：
图标：依据中华人民共和国国家标准。
GB/T 10001 标志用公共信息图形符号
GB/T 15566 公共信息导向系统设置原则与要求
GB/T 20501 公共信息导向系统要素的设计原则与要求
中文字体：汉仪中黑简。
英文字体：Arial Regular。
标 准 色：灰色（PANTONE 7540C）。
材料及工艺：
面板：3 mm铝板雕刻，表面喷塑或烤漆。
衬板：3 mm乳白有机板。
边框：定制铝材，表面喷涂或烤漆。
光源：采用LED照明或荧光灯管。

3.12　公用电话位置标志

设置位置：
公用电话服务区域。
设置内容：
“公用电话”图形符号及中英文，使旅客能清晰地分辨出可提供公用电话服务的位置。
设计原则：
图标：依据中华人民共和国国家标准。
GB/T 10001　标志用公共信息图形符号
GB/T 15566　公共信息导向系统设置原则与要求
GB/T 20501　公共信息导向系统要素的设计原则与要求
中文字体：汉仪中黑简。
英文字体：Arial Regular。
标 准 色：灰色（PANTONE 7540C）。
材料及工艺：
面板：3 mm铝板雕刻，表面喷塑或烤漆。
衬板：3 mm乳白有机板。
边框：定制铝材，表面喷涂或烤漆。
光源：采用LED照明或荧光灯管。

3.13 电梯位置标志

设置位置：

无障碍电梯附近。

设置内容：

“无障碍电梯”图形符号及中英文，使旅客能清晰地分辨出无障碍电梯的具体位置及功能。

设计原则：

图标：依据中华人民共和国国家标准。

GB/T 10001 标志用公共信息图形符号

GB/T 15566 公共信息导向系统设置原则与要求

GB/T 20501 公共信息导向系统要素的设计原则与要求

中文字体：汉仪中黑简。

英文字体：Arial Regular。

标 准 色：灰色（PANTONE 7540C）。

材料及工艺：

即时贴膜。

3.14 揭示揭挂

设置位置：
售票处、进站口、候车区等需公布旅客提示信息的场所。

设置内容：
旅客必须知道购票、行李、乘车安全等旅行须知信息。

设计原则：
图标：依据中华人民共和国国家标准。
GB/T 15566 公共信息导向系统设置原则与要求
GB/T 20501 公共信息导向系统要素的设计原则与要求
中文字体：汉仪中黑简。
英文字体：Arial Regular。
标 准 色：灰色（PANTONE 7540C）。

材料及工艺：
立柱：（80 × 80）mm方通表面喷涂灰色（PANTONE 446C）。
面板：3 mm铝板折弯。
内容：图形文字3 mm铝板雕刻内衬3 mm乳白有机片。
文字内容：高精度车身贴喷绘，5 mm透明有机片密封。
底座：配重底座表面喷涂灰色。

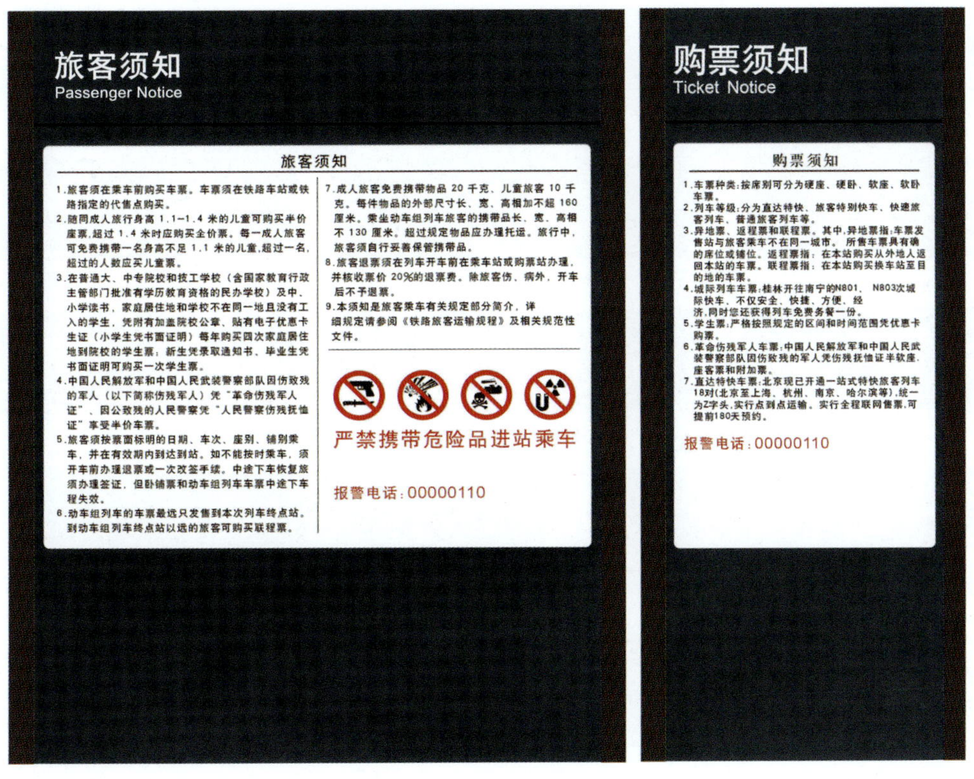

3.15　禁止提示标志

设置位置：

旅客应注意相应规制内容的场所。a）在站台的明显位置；b）站台上设有安全护栏处；c）人员密集场所的上下楼处、自动扶梯和自动步道外；d）平面位置改变处；e）其他必要处所。

设置内容：

揭示旅客应被禁止的行为，以及易造成危险、伤害等不恰当行为，提醒旅客警示信息。

设计原则：

图标：依据中华人民共和国国家标准。

GB/T 10001　标志用公共信息图形符号

GB/T 15566　公共信息导向系统设置原则与要求

GB/T 20501　公共信息导向系统要素的设计原则与要求

中文字体：汉仪中黑简。

英文字体：Arial Regular。

数字字体：Arial Regular。

标 准 色：灰色（PANTONE 7540C）。

材料及工艺：

面板：2 mm铝板，表面喷塑或烤漆。

内容：丝网印或贴膜。

请出示车票

Please Have Tickets Ready for Inspection

七、附　录

1　导向标志图形符号规范列表

图形符号	含　义	说　明
	方向 Direction	表示方向。 符号方向根据实际情况设置。
	入口 Way In； Entrance	表示入口位置或指明进去的通道。 应根据实际情况使用本符号，或旋转90°或180°后的符号。
	出口 Way Out； Exit	表示出口位置或指明出去的通道。 应根据实际情况使用本符号，或旋转90°或180°后的符号。
	楼梯 Stairs	表示上下共用的楼梯。 不表示自动扶梯。 应根据实际情况使用本符号或其镜像符号。
	上楼楼梯 Stairs Up	表示通往楼上或仅允许上楼的楼梯。 不表示自动扶梯。 应根据实际情况使用本符号或其镜像符号。

1　导向标志图形符号规范列表

图形符号	含　义	说　明
	下楼楼梯 Stairs Down	表示通往楼下或仅允许下楼的楼梯。 不表示自动扶梯。 应根据实际情况使用本符号或其镜像符号。
	天桥 Overpass	表示过街天桥。 应根据实际情况使用本符号或其镜像符号。
	地下通道 Underpass	表示地下通道。 应该据实际情况使用本符号或其镜像符号。
	自动扶梯 Escalator	表示自动扶梯。 不表示楼梯。 应根据实际情况使用本符号或其镜像符号。
	上行自动扶梯 Escalator Up	表示向上自动扶梯。 不表示楼梯。 应根据实际情况使用本符号或其镜像符号。

1　导向标志图形符号规范列表

图形符号	含　义	说　明
	下行自动扶梯 Escalator Down	表示向下自动扶梯。 不表示楼梯。 应根据实际情况使用本符号或其镜像符号。
	靠右站立 Stand on the Right	表示乘客应靠右站立。
	电梯 Elevator; Lift	表示公用电梯。
	无障碍电梯 Accessible Elevator	表示供残障人乘坐的电梯。
	男 Male	表示专供男性使用的设施，如男厕所、男浴室等。

1　导向标志图形符号规范列表

图形符号	含　义	说　明
	女 Female	表示专供女性使用的设施，如女厕所、女浴室等。
	卫生间 Toilet	表示卫生间。 应根据男、女卫生间的实际位置使用本符号或其镜像符号。
	无障碍设施 Accessible Facility	表示供残障人使用的设施，如轮椅、坡道等。 应根据实际情况使用本符号或其镜像符号。
	休息区 Rest Area	表示供人们休息的区域或场所，如商场休息区、剧场休息区等。
	等候室 Waiting Room	表示供人们休息等候的场所，如车站的候车室、机场的候机室、医院的候诊室等。

1　导向标志图形符号规范列表

图形符号	含　义	说　明
	会合点 Meeting Point	表示会合、约见的场所或地点。
	安全保卫 Security; Police	表示安全保卫人员（警察或保安）或指明安全保卫人员（警察或保安）值勤的地点，如警卫室等。
	票务服务 Tickets	表示出售各种票据的场所，如机场、车站、影院、体育场馆、公园等处的售票处及医院的挂号处等。
	行李寄存 Left Luggage	表示临时存放行李的场所。
	哺乳室 Feeding Area	表示可喂哺婴儿或给婴儿更换尿布的场所。

1　导向标志图形符号规范列表

图形符号	含　义	说　明
	电话 Telephone	表示电话或提供电话服务的场所。
	餐饮 Restaurant	表示餐饮或提供餐饮服务的场所，如酒楼、餐厅等。 具体应用时，如确需将中餐、西餐分开，本符号还可表示西餐厅等。
	中餐 Chinese Restaurant	表示中餐或提供中餐服务的场所，如中餐厅、中餐馆等。 不表示餐饮、西餐。
	快餐 Snack	表示快餐或提供快餐服务的场所。 不表示酒吧、咖啡、茶饮。
	咖啡 Coffee	表示喝咖啡及其他饮料的场所。 不表示酒吧、快餐、茶饮。

1　导向标志图形符号规范列表

图形符号	含　义	说　明
	茶饮 Tea	表示喝茶及其他饮料的场所。 不表示酒吧、咖啡、快餐。
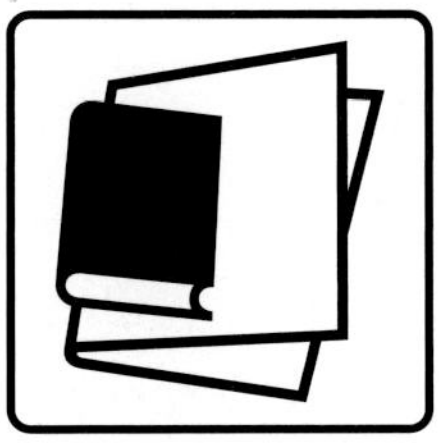	书报 Book and Newspaper	表示出售各种书报的场所，如书报亭、书店等。
	商场；购物中心 Shopping Area	表示出售各种商品的场所，如商场、商店、购物中心等。
	超级市场 Supermarket	表示可自助购买大量陈列食品、日常用品和家用商品的场所。
	自动售货机 Automatic Vending Machine	表示可以自动出售商品的设施。

1　导向标志图形符号规范列表

图形符号	含　义	说　明
VIP	贵宾 Very Important Person	表示对贵宾提供服务的场所，如贵宾室、贵宾接待处等。
i	信息服务 Information Service	表示提供各种信息的场所。
?	问讯 Information	表示提供咨询服务的场所。
	失物招领 Lost and Found; Lost Property	表示丢失物品的登记或认领场所。
P	停车场 Parking	表示供停放机动车的场所，如：停车场。

1　导向标志图形符号规范列表

图形符号	含　义	说　明
	安静 Quiet	表示应保持安静的场所。
	饮用水 Drinking Water	表示可以饮用的水。
	脚踏操作 Pedal-operated	表示用脚踏方式操作。
	废物箱 Rubbish Receptacle	表示供人们扔废弃物的设施。
	允许吸烟 Smoking Allowed	表示允许吸烟的场所。

1　导向标志图形符号规范列表

图形符号	含　义	说　明
	母婴等候室 Waiting Room for Mothers with Children	表示母婴等候的场所，如母婴候车室、母婴候船室等。 用于公共场所、建筑物、服务设施、方向指示牌、平面布置图、信息板、印刷品等。
	儿童乐园 Children' s Playground	表示专供儿童游玩的场所。 不表示大型游乐场。
	商务中心 Business Centre	表示提供复印、打字、传真、文秘、翻译等项服务或场所。
	自动检票 Automatic Check in	表示提供自动检票服务的场所，如地铁站、汽车站等场所的检票口。 用于公共场所、建筑物、服务设施、方向指示牌、平面布置图、信息板、时刻表、印刷品等。
	行李托运 Baggage Check in	表示托运行李或包裹的场所。 用于公共场所、建筑物、服务设施、方向指示牌、平面布置图、信息板、时刻表、印刷品等。

1　导向标志图形符号规范列表

图形符号	含　义	说　明
	行李提取 Baggage Claim	表示提取行李或包裹的场所。 用于公共场所、建筑物、服务设施、方向指示牌、平面布置图、信息板、印刷品等。
	行李查询 Baggage Inquiries	表示查询行李或包裹的场所。 用于公共场所、建筑物、服务设施、方向指示牌、平面布置图、信息板、时刻表、印刷品等。
	耳机插座 Earphone Outlet	表示耳机插座，或该处有耳机插座。
	供氧 Oxygen Outlet	表示该设施可提供氧气，或该处有供氧设施。
	紧急呼救 Emergency Signal	表示紧急情况下，供人们发出警报，以请求救援或帮助的设施，不用于发出特殊警报（如火情警报）的设施。

1 导向标志图形符号规范列表

图形符号	含 义	说 明
	自助行李寄存 Self-service Luggage Storage	表示提供行李自助寄存或电子寄存的场所，如自助寄存箱、电子寄存柜等。 用于公共场所、建筑物、服务设施、方向指示牌、平面布置图、信息板、印刷品等。
	行李检查 Baggage Check	表示对行李或包裹进行安全检查的场所。 用于公共场所、建筑物、服务设施、方向指示牌、平面布置图、信息板、印刷品等。
	安全检查 Safety Check	表示对旅客进行安全检查的通道。 用于公共场所、建筑物、服务设施、方向指示牌、平面布置图、信息板、印刷品等。
	海关 Customs	表示进行海关检查的场所。 用于公共场所、建筑物、服务设施、方向指示牌、平面布置图、信息板、印刷品等。
	检票 Check in	表示检票的场所，如火车站、汽车站、码头等场所的检票口。 用于公共场所、建筑物、服务设施、方向指示牌、平面布置图、信息板、时刻表、印刷品等。

1　导向标志图形符号规范列表

图形符号	含　义	说　明
	头等舱、软卧等候室 First Class Lounge	表示持头等舱机票、船票及软卧车票的旅客等候的场所。 用于公共场所、建筑物、服务设施、方向指示牌、平面布置图、信息板、印刷品等。
	火车 Train	表示铁路车站或提供铁路运输服务。
	硬座 Hard Seat	表示该车厢为硬座车厢。
	软座 Soft Seat	表示该车厢为软座车厢。
	硬卧 Hard Sleeper	表示该车厢为硬卧车厢。

1　导向标志图形符号规范列表

图形符号	含　义	说　明
	软卧 Soft Sleeper	表示该车厢为软卧车厢。
	列车办公席 Conductor Office	表示列车上办理客运业务的场所。
	乘务员室;乘务员席位 Trainman Room	表示乘务员值乘的场所。
	广播 Announcer	表示提供广播服务的场所。
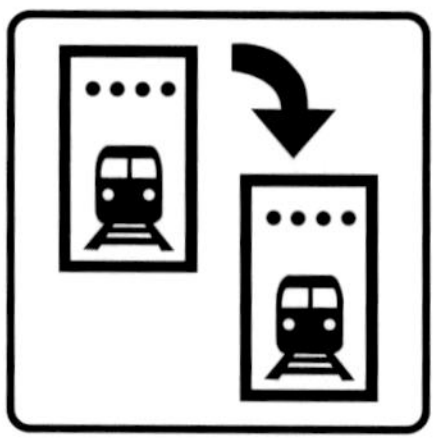	中转签证 Transfer	表示旅客办理中转签证手续的场所。

1 导向标志图形符号规范列表

图形符号	含　义	说　明
	自动售票 Automatic Ticket	表示自动售票的设备或提供自动售票服务。
	开水 Boiled Water	表示提供开水的场所，如开水间、茶炉室等。
	烟灰盒 Ash Tray	表示该设施为烟灰盒，或该处有烟灰盒。
	冲水按钮 Flush Button	表示该设施为冲水按钮，或该处有冲水按钮。
	盥洗间 Washroom	表示提供洗漱的场所,如盥洗间、盥洗室等。

1 导向标志图形符号规范列表

图形符号	含 义	说 明
	感应出水 Inductive Washing	表示该设施具有感应出水的功能。
	洗手液 Hand Lotion	表示提供洗手液的设施，或该处有洗手液。
	干手器 Hand Drier	表示该设施为干手器。
	擦手纸；纸巾纸 Facial Tissue	表示擦手纸、纸巾纸，或该处有擦手纸、纸巾纸。
	卫生纸 Toilet Paper	表示卫生纸，或该处有卫生纸。

1 导向标志图形符号规范列表

图形符号	含 义	说 明
	座便器垫圈纸 Casket of Close Stool	表示座便器垫圈纸，或该处有座便器垫圈纸。
	空调 Air Condition	表示空调设施，或该空间内有空调设施，可对空气进行调节。
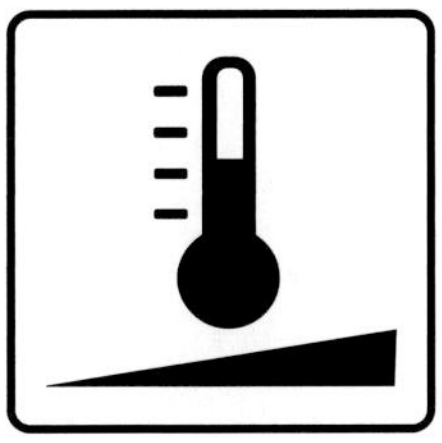	温度调节 Temperature Control	表示该设施可对温度进行调节,或该处有温度调节设施。
	风量调节 Fan Control	表示该设施可对风量进行调节,或该处有风量调节设施。
	音量调节 Volume Control	表示该设施可对音量进行调节,或该处有音量调节设施。

1　导向标志图形符号规范列表

图形符号	含　义	说　明
	电灯开关 Light Switch	表示该设施为电灯开关，或该处有电灯开关。
	电源插座 Electrical Outlet	表示该设施为电源插座，或该处有电源插座。
	绿色通道 （无申报物品） Green Channel (Nothing to Declare)	表示没有需要申报物品的旅客通过的通道。 用于公共场所、建筑物、服务设施、方向指示牌、平面布置图、信息板、印刷品等。
	医疗点 Clinic	表示提供简单医疗服务的场所，如医务室、医疗站、急救站等。 不表示医院。
	请勿将杂物扔进容器 Do Not Throw Sundries Into Container	表示不允许将杂物扔进该容器。

1　导向标志图形符号规范列表

图形符号	含　义	说　明
	请勿吸烟 No Smoking	表示该处不允许吸烟。
	请勿通过 NO Thoroughfare	表示该处不允许进入、通行或穿越。
	请勿坐卧 No Sitting or Lying	表示该处不允许坐卧。
	请勿打扰 No Disturbance	表示谢绝打扰。
	请勿乱扔废弃物 Do Not Throw Rubbish	表示该处不允许乱扔废弃物。

1　导向标志图形符号规范列表

图形符号	含　义	说　明
	非饮用水 Not Drinking Water	表示该处的水不可以饮用。
	请勿向窗外扔东西 Do Not Throw Rubbish Outside	表示不允许向窗外扔东西,如酒瓶、易拉罐等。
	请勿开窗 Do Not Open the Window	表示该车窗不允许打开，如空调车厢的窗户等。
	请勿躺卧 Do Not Lie Down	表示该处不允许躺卧，如候车室座椅等。
	请勿翻越栏杆 No Crossing	表示该处不允许翻越栏杆。

1　导向标志图形符号规范列表

图形符号	含　义	说　明
	请勿将烟头扔进容器 Do Not Throw Cigarette into Container	表示不允许将烟头等易燃物品扔进容器。
	禁止倚靠 Leaning on the Door Prohibited	表示禁止倚靠某物体，如车门等。 用于公共场所、建筑物、服务设施、印刷品等。
	禁止跳下 No Jumping Down	表示该处(如站台等)禁止跳下。
	禁止吸烟 No Smoking	
	禁止烟火 No Burning	

1　导向标志图形符号规范列表

图形符号	含　义	说　明
	禁止停留 No Stopping	
	禁止通行 No Thoroughfare	
	禁止攀登 No Climbing	
	禁止携带托运易燃及易爆物品 Carrying Flammable and Explosive Materials Prohibited	表示禁止携带和托运易燃、易爆及其他危险品。 用于公共场所、建筑物、服务设施、信息板、印刷品等。
	禁止头手伸出窗外 Head and Hand out of the Window Prohibited	表示禁止将头、手伸出窗外。 用于公共场所、建筑物、服务设施、印刷品等。

1　导向标志图形符号规范列表

图形符号	含　义	说　明
	当心触电 Danger! Electric Shock	
	当心滑跌 Caution,Slip	
	当心夹手 Caution,Risk of Pinching Hand	警告人们有夹手的危险。 用于公共场所、建筑物、服务设施、信息板、印刷品等。
	当心烫伤 Caution,Scald Burns	警告人们有烫伤的危险。
	当心碰头 Caution,Low Clearance	警告人们有碰头的危险。

1　导向标志图形符号规范列表

图形符号	含　义	说　明
	注意安全 Caution,Danger	
	紧急出口 Emergent Exit	

以上内容引自 GB/T 10001　标志用公共信息图形符号
GB 2894—1996　安全标志

2　导向标志语言规范（中英文）列表

2.1　图形符号可用名称英文翻译

序号	可用名称	英文翻译
1	安全出口	Emergent Exit
2	安静	Quiet
3	安全检查	Security Check;Safety Check
4	播音室	Broadcasting Room
5	报警点	Police
6	补票处	Tickets;Pay Upon Arrival
7	哺乳间	Nursery Room;Feeding Area
8	哺乳室	Nursery Room;Feeding Area
9	车站	Railway Station
10	乘务员室	Train Attendant's Compartment;Trainman Room
11	乘务员席	Attendant's Office
12	茶炉室	Boiler Room
13	冲水按钮	Flush Button
14	擦手纸	Facial Tissue
15	出口	Way Out;Exit
16	出站口	Way Out;Exit
17	厕所	Toilet;Restroom
18	餐厅	Restaurant
19	茶室	Tea Lounge
20	超市	Supermarket
21	当心触电	Danger!Electric Shock
22	当心滑跌	Caution!Slippery;Caution,Slip
23	电灯开关	Light Switch
24	电源插座	Electrical Outlet
25	当心烫伤	Caution,Scald;Caution,Scald Burns
26	当心碰头	Caution,Low Clearance;Watch Your Head
27	地下通道	Underpass;Tunnel
28	电梯	Elevator;Lift
29	当心夹手	Caution,Risk of Pinching Hand
30	耳机插座	Earphone Outlet
31	儿童乐园	Children's Playground
32	儿童活动室	Children's Playroom
33	风量调节	Fan Control
34	服务台	Information Desk;Service Desk
35	服务点	Information Desk;Service Desk
36	服务中心	Information Desk;Service Desk
37	废物箱	Trash;Rubbish Receptacle
38	非饮用水	Not Drinking Water;Not for Drinking
39	广播室	Broadcasting Room
40	盥洗间	Washroom;Lavatory
41	盥洗室	Washroom;Lavatory
42	感应出水	Automatic Sensor Faucet
43	干手器	Hand Drier

2　导向标志语言规范（中英文）列表

序号	可用名称	英文翻译
44	供氧	Oxygen Outlet
45	公安值班室	Police
46	公用电话	Public Telephone
47	贵宾候车室	VIP Waiting Room
48	贵宾室	VIP Lounge
49	呼救按钮	Emergency Button
50	候车室	Waiting Room
51	候车厅	Waiting Lounge
52	候车区	Waiting Area
53	会合点	Meeting Point
54	海关	Customs
55	禁止攀登	No Climbing
56	禁止停留	No Loitering;No Stopping
57	禁止通行	No Entry;Staff Only;No Thoroughfare
58	禁止吸烟	No Smoking
59	禁止烟火	No Burning;No Open Fire
60	紧急出口	Emergent Exit
61	紧急呼救	Emergency Signal
62	禁止跳下	No Jumping Down
63	紧急救护	First Aid Equipment
64	进站口	Way In;Entrance
65	集合点	Meeting Point
66	脚踏出水	Foot Flush
67	禁止倚靠	Keep Clear of the Door;Leaning on the Door Prohibited
68	禁止倚靠车门	Keep Clear of the Door;Leaning on the Door Prohibited
69	禁止头手伸出窗外	Do Not Put Hands or Head out of Window;Head and Hand out of the Window Prohibited
70	检票口	Ticket Check
71	禁止携带易燃及易爆物品	Carrying Flammable and Explosive Materials Prohibited
72	禁止托运易燃及易爆物品	Consignment and Carriage of Flammable and Explosive Materials Prohibited
73	开水间	Boiler Room
74	空调	Air Conditioner
75	靠右站立	Stand on the Right
76	快餐厅	Fast Food
77	咖啡	Coffee
78	咖啡吧	Cafe
79	快速通道	Express Channel
80	列车	Train
81	列车办公席	Conductor Office
82	楼梯	Stairs
83	垃圾箱（桶)	Trash;Rubbish Receptacle

2　导向标志语言规范（中英文）列表

序号	可用名称	英文翻译
84	旅客止步	No Entry;Staff Only;No Thoroughfare
85	绿色通道	Green Channel
86	母婴候车室	Waiting Room for Mothers with Children
87	母婴候车区	Waiting Area for Mothers with Children
88	男厕所	Gentlemen;Men
89	男卫生间	Gentlemen;Men
90	男洗手间	Gentlemen;Men
91	女厕所	Ladies;Women
92	女卫生间	Ladies;Women
93	女洗手间	Ladies;Women
94	请勿将烟头扔进容器	Do Not Throw Cigarette into Container
95	请勿向窗外扔东西	No Littering Outside the Window;Do Not Throw Rubbish Outside
96	请勿开窗	Do Not Open the Window
97	请勿躺卧	Do Not Lie Down
98	请勿翻越栏杆	No Crossing
99	请勿将杂物扔进容器	Do Not Throw Sundries into Container
100	请勿将杂物扔进便器	Do Not Throw Sundries into Toilet
101	请勿喧哗	Quiet
102	请勿吸烟	No Smoking
103	请勿通过	No Entry;Staff Only;No Thoroughfare
104	请勿坐卧	No Sitting or Lying
105	请勿打扰	No Disturbance
106	请勿乱扔废弃物	No Littering;Do Not Throw Rubbish
107	软座	Soft Seat
108	软卧	Soft Berth;Soft Sleeper
109	入口	Way In;Entrance
110	软席候车室	Soft Seat Waiting Room
111	疏散通道	Escape Route
112	手纸	Toilet Paper
113	上楼楼梯	Stairs Up
114	上行自助扶梯	Escalator Up
115	收费休息室	Pay Lounge
116	售票处	Tickets;Ticket Office
117	售票厅	Tickets;Ticket Hall
118	书报亭	Kiosk
119	书刊	Kiosk
120	商场	Shopping Area
121	商亭	Kiosk
122	售货亭	Kiosk
123	失物招领	Lost and Found;Lost Property
124	失物招领处	Lost and Found;Lost Property
125	商务中心	Business Centre
126	天桥	Overpass
127	退票处	Ticket Returns and Refunds
128	停车场	Parking

2 导向标志语言规范（中英文）列表

序号	可用名称	英文翻译
129	卫生纸	Toilet Paper
130	温度调节	Temperature Control
131	无障碍电梯	Barrier-free Elevator;Accessible Elevator
132	卫生间	Toilet;Restroom
133	无障碍设施	Barrier-free Facility;Accessible Facility
134	问讯处	Information
135	问询处	Information
136	危险品检查	Security Check;Safety Check
137	小心触电	Danger!Electric Shock
138	小心滑倒	Caution!Slippery;Caution,Slip
139	洗脸间	Washroom;Lavatory
140	洗手液	Hand Lotion
141	小心烫伤	Caution,Scald;Caution,Scald Burns
142	小心碰头	Caution,Low Clearance;Watch Your Head
143	下楼楼梯	Stairs Down
144	下行自助扶梯	Escalator Down
145	洗手间	Toilet;Restroom
146	休息室	Lounge
147	行李寄存处	Left Luggage
148	小件寄存处	Left Luggage
149	小件寄存	Left Luggage
150	休闲茶座	Tea Lounge
151	小卖部	Groceries
152	吸烟处	Smoking Area
153	吸烟室	Smoking Room
154	吸烟区	Smoking Area
155	行包托运处	Baggage Check-in
156	行包提取处	Baggage Claim
157	行包查询	Baggage Imquiries
158	严禁吸烟	No Smoking
159	严禁烟火	No Burning;No Open Fire
160	硬座	Hard Seat
161	硬卧	Hard Sleeper
162	烟灰盒	Ashtray
163	音量调节	Volume Control
164	医务室	Clinic;Medical Room
165	医疗点	Clinic;Medical Room;Medical Desk
166	医药点	Clinic;Medical Room;Medical Desk
167	应急售票处	Urgent Tickets
168	音乐茶座	Music Tea Lounge
169	饮用水	Drinking Water
170	饮水处	Drinking Water
171	注意安全	Caution,Danger
172	中转签证	Tickets;Transfer
173	自动售票机	Automatic Ticket Machine
174	自动出水	Automatic Sensor Faucet

2 导向标志语言规范（中英文）列表

序号	可用名称	英文翻译
175	纸巾纸	Facial Tissue
176	座便器垫圈纸	Gasket of Close Stool;Disposable Toilet Seat Cover
177	自动扶梯	Escalator
178	站台票发售处	Platform Tickets
179	中餐厅	Restaurant
180	自动售货机	Automatic Vending Machine
181	总服务台	Information Desk;Service Desk
182	自助查询	Self-service Lnquiries
183	中央检票厅	Central Hall Ticket Check
184	自动检票口	Automatic Ticket Check
185	自助行李寄存	Self-service Luggage Storage
186	自助小件寄存	Self-service Luggage Storage

2 导向标志语言规范（中英文）列表

2.2 引导揭示内容英文翻译

序号	引导揭示内容	英文翻译
1	×次出境旅客，请您由广场西侧出入境联检大厅进站。	Passengers waiting for × intercity through train,please go westward to the entry and exit hall for inspection.
2	×方向	× Direction
3	×站欢迎您。	Welcome to × railway station.
4	安全锤	Emergency Hammer
5	安全通道	Security Exit
6	半票	Half-price Tickets
7	包裹票	Parcel Claim Receipt
8	包裹运价表	Parcel Delivery Tariff
9	保护环境从我做起。	Protect the environment.
10	报销凭证打印处	Travel Reimbursement's Office
11	闭路电视插座	Cable TV Socket
12	便捷售票处	Fast Track Ticket Office
13	播音开关	Radio On/Off
14	不要购买他人手上车票，以防上当买假票。	To avoid forgery, do not purchase tickets from unofficial sources.
15	不宜乘电梯的旅客请走步梯，多谢合作。	Passengers unable to take escalator,please use the steps.
16	残疾人候车室	Waiting Room for Disabled Persons
17	残疾人设施	Facilites for the Disabled
18	残疾人通道	Passage for the Disabled
19	残疾人专用	Facilites for the Disabled
20	长途列车	Long Distance Trains
21	车厢顺号牌	Train Compartment Number
22	城际列车	Intercity Trains
23	城际列车快速通道	To Intercity Express Trains
24	乘梯需知： 1.乘梯时请手扶滚梯扶手，靠右侧站立，左侧急行。 2.乘梯时请勿将身体置于梯外，禁止打闹。 3.儿童及行动不便者需有人陪乘。 4.发生意外时，听从服务员指挥。	Attention: 1.When using the escalator please hold handrail and stand on the right. 2.Do not lean outward,no pushing. 3.Children and disabled persons should not use escalator unaccompanied. 4.In case of emergency,please follow the directions provided by the passenger crew.
25	持站台票由此进站	Entrance for Platform Ticket Holders
26	出入境联检厅	Immigration Inspection
27	出站地道	Underpass Exit; Tunnel Exit
28	出站请走地下通道	Exit Via Underpass
29	出站请走天桥	Exit Via Overhead Bridge
30	厨房	Kitchen
31	储藏柜	Store Cabinet
32	储藏室	Storeroom
33	当日动车组售票处	CRH Tickets for Today

2　导向标志语言规范（中英文）列表

序号	引导揭示内容	英文翻译
34	当心开水烫伤	Attention!Hot Water
35	导乘台	Information Desk
36	到×号站台请上楼	Go Upstairs for Platform ×
37	到×号站台请走地下通道	To Platform × Via Underpass
38	到×站台请走天桥	To Platform × Via Overhead Bridge
39	地道出站，请注意安全	Caution!Underpass Exit
40	地道入口	Underpass Entrance
41	地道斜坡，小心路滑	Caution! Slippery; Caution,Slip
42	第1/2/3/4/5/6/7/8/9/10	First/Second/Third/Forth/Fifth/Sixth/Seventh/Eigth/Ninth/Tenth; No.1/2/3/4/5/6/7/8/9/10
43	第1/2/3/4/5/6/7/8/9/10楼	First/Second/Third/Forth/Fifth/Sixth/Seventh/Eigth/Ninth/Tenth Floor
44	第×候车室	Waiting Room No. ×
45	电器开关	On/Off
46	电梯停止使用	Elevator Not in Use
47	东/西/南/北	East/West/South/North; E/W/S/N
48	东/西/南/北去	Eastbound/Westbound/Southbound/Northbound
49	动车组候车室	CRH Waiting Room
50	儿童购票标准	Child Fare Standards
51	发售当日车票	Tickets for Today
52	发售全国各站车票	Domestic Tickets
53	发售剩余票窗口	Surplus Ticket Office;Surplus Tickets
54	服务监督电话	Service Supervision Hotline
55	服务员值班室	On-duty Attendant's Office
56	高压电网，严禁爬车。	Danger high voltage! Do not climb on the train.
57	高原旅行提示	Travel Information for Passengers Traveling at High Altitudes
58	高站台，请注意安全	Mind High Platform
59	各次列车到站情况表	Arrivals
60	工具室	Utility Room
61	购票入口	Entrance to Ticket Office
62	锅炉房	Boiler Room
63	国际候车厅	International Waiting Hall
64	和谐号动车组列车	CRH
65	候车检票信息	Departure Information
66	欢迎购买×—×返程车票。	Return tickets from ×to ×available for purchase.
67	欢迎您对我们的工作和服务质量提出宝贵意见。	Suggestions regarding the quality of our service are readily welcomed.
68	紧急救护	First Aid Equipment
69	紧急救援电话（盗警、火警、交通事故、医疗救援）	Emergency Phone (Police,Fireservice,Ambulance,First Aid)
70	紧急开门阀：将里面的阀门打开，可用手拉开侧门。乘务人员发出指示时请遵守。	Emergency door handle; pull handle inside to open this door manually. Please follow the crew's instructions.
71	紧急疏散通道	Escape Route

2 导向标志语言规范（中英文）列表

序号	引导揭示内容	英文翻译
72	紧急用：发生火灾时请按下面的按钮。按下按钮后列车即停车。	In case of fire press to stop train.
73	进站台地道	Underpass to Platform
74	进站闸口在开车前×分钟关闭	Boarding Gates Close × Minutes Before Departure
75	禁止旅客乘车携带以下物品	the Following Items Are Forbidden Onboard
76	禁止随地吐痰	No Spitting
77	禁止跳下站台	Danger!Keep Clear of Tracks
78	警察提醒您：请保管好自己的财物以防丢失。	Police notice:please mind your belongings.
79	军人窗口	Tickets for Servicemen
80	军人候车室	Waiting Room for Serviceman
81	军人座席	Reserved Seating for Servicemen
82	开车前×分钟办理出境手续	Check-in Begins × Minutes Prior to Departure
83	开车前×分钟停止检票	Boarding Ends × Minutes Prior to the Train's Departure;Ticket Check Closes 5 Minutes Prior to Departure
84	开车前×分钟停止售票	Ticket Sales End × Minutes Prior to Departure
85	开车前×分钟停止通关	Customs Close × Minutes Prior to Departure
86	开始检票	Checking in
87	开往×	To ×
88	靠右站立	Stand on the Right
89	客运计划室	Passenger Transportation Planning Office
90	客运员室	Attendant's Office
91	客运值班室	Passenger Transport Office
92	客运主任室	Director's Office
93	快速列车	Express Train
94	老幼候车室	Waiting Room for the Elderly and Infants
95	列车到达前×分钟停止售票	Ticket Sales End × Minutes Prior to the Train's Arrival
96	列车综合信息	Passenger Information
97	临时进站通道	Temporary Entrance
98	临时休息厅	Temporary Lounge
99	楼梯间	Stairwell
100	路风投诉点	Complaints Desk
101	旅客服务手册	Passenger Service Guide
102	旅客进入候车厅，携带品必须进行安全检查。	All luggage subject to security check before entering waiting room.
103	旅客们：购票后，请核对车票票面日期、车次、发到站、张数、找零款是否相符，发现有误及时申明更正。	Note to all passengers:after purchasing your ticket(s),be sure to check your change and number of tickets received,along with the date,train number and departure/destination station on your ticket(s).Please inform a member of staff of any errors so that they can be rectified.

2 导向标志语言规范（中英文）列表

序号	引导揭示内容	英文翻译
104	旅客同志们您好：列车到达×车站，欢迎您来旅行。	Ladies and gentlemen ,the train has arrived at × railway station.We wish you a pleasant stay in × .
105	旅客同志们您好：列车就要离开×车站了，祝您旅途愉快，我们下次再会。	Ladies and gentleman the train is now leaving × . We wish you pleasant journey and hope to see you again in × .
106	旅客投诉箱	Complaint's Box
107	旅客休息室	Lounge
108	免票	Free Tickets
109	灭火器	Fire Extinguisher
110	民族特色候车室	Ethnic-style Waiting Room
111	内有电热器注意安全	Caution!Electric Heater Inside
112	内有热开水注意安全	Caution!Hot Water Inside
113	配电柜	Power Distribution Cabinet
114	配电室	Power Distribution Room
115	票额动态信息	Ticket Information
116	票价表	Prices
117	平面示意图	Station Map
118	凭当日车票候车	Waiting Area for Ticket Holders Only
119	凭票候车	Waiting Area for Ticket Holders Only
120	凭票进站上车	Ticket Holders Only
121	青年服务班	Young Pioneer Service Group
122	清洁柜	Cleaning Utensils
123	请爱护环境	Protect the Environment
124	请按开关来开闭门	Push Switch to Open and Close the Door
125	请把废弃物扔在垃圾袋内	Please Put Rubbish in Bag Provided
126	请保持清洁	Please Keep the Area Clean
127	请出示车票	Please Have Tickets Ready for Inspection
128	请放水冲洗	Please Flush After Use
129	请将随身物品（包括肩挎小包）放入危险品检查仪接受安检，并妥善保管，谢谢！	Please put all luggage and belongings on to the conveyor belt.Thank you for your cooperation.
130	请将携带品过机检查。	Please put all luggage through machine for inspection.
131	请接受危险品检查。	Please cooperate with the security check.
132	请看管好自己的物品。	Mind your belongings.
133	请看管好自己的小孩。	Please keep close watch on your children.
134	请凭站台票进站接车。	Platform ticket required to access platform.
135	请送开水。	Please bring hot water.
136	请随手关门。	Please close the door behind you.
137	请勿扶靠门框，小心夹手。	To avoid injury, please keep clear of the door.
138	请勿将烟头扔入垃圾箱内	No Cigarette Butts
139	请勿靠近	Caution!Keep Away
140	请勿逆行	One Way, No Return
141	请勿爬坐行李架	Do Not Climb on Baggage Rack

2 导向标志语言规范（中英文）列表

序号	引导揭示内容	英文翻译
142	请勿随地乱扔果皮纸屑	No Littering: Do Not Throw Rubbish
143	请勿忘携带品。	Take all your belongings with you.
144	请勿坐或搁放重物在桌上。	Do not place heavy objects on table.
145	请在此排队。	Please line up here.
146	请整理房间。	Please clean the room.
147	请走地下通道。	Please use underpass.
148	去往×方向的旅客请到×楼×号候车厅候车。	Passengers to × please proceed to the × waiting hall on the × floor.
149	全路联网，售异地票	Domestic Tickets
150	全票	Full-price Tickets
151	日用百货/日用品	Groceries
152	入境	Immigration
153	软席售票处	Soft Seat Ticket Office; Soft Seat Tickets
154	上下楼梯，小心路滑	Caution! Slippery; Caution,Slip
155	食品烟酒	Food,Liquor,Cigarettes
156	使用完后请将手放在感应器前放水冲洗	Sensor Flush
157	售国际联运车票	International Train Tickets
158	售票时间：列车到达前×分钟售票	Ticket Sales Time: Tickets Sold × Minutes Prior To the Train's Arrival
159	售票余额信息显示	Remaining Tickets
160	售最新时刻表	Latest Railway Timetables Available
161	双语窗	English Speaking Counter
162	送客止步	Non-ticket Holders Prohibited
163	提前×分钟检票	Boarding Ends × Minutes Prior to Departure
164	天桥进站	Entrance Via Overpass
165	铁路乘车证	Railway Staff Boarding Card
166	铁路行业收费价目表	Railway Toll Tariff
167	听到蜂鸣器发声时请联络乘务员。	If buzzer sounds, please inform a crew member immediately.
168	停车请勿使用。	No occupying while train is stabilizing.
169	停止检票	Boarding Finished; Ticket Check Finished
170	通告：旅客可免费携带手提行李限额：成人20公斤，儿童10公斤。长、宽、高尺寸总和不超过160厘米。超额必须托运。	Notice:Adult passengers may carry up to 20 kg of hand baggage free of charge. Children may carry up to 10 kg. Hand baggage should not exceed 160 cm.Baggage exceeding these limits should be consigned.
171	通过台附近禁止吸烟	No Smoking in the Vestibule
172	通往×站台	To Platform ×
173	投诉受理	Complaints
174	团体进站厅	Group Entrance
175	退票窗口	Ticket Returns and Refunds
176	危险请勿动	Danger!Keep Off!
177	问询窗口	Information
178	卧铺窗口	Sleeper Ticket Office ; Sleeper Tickets
179	卧铺登记处	Sleeping Compartment Booking Desk

2　导向标志语言规范（中英文）列表

序号	引导揭示内容	英文翻译
180	卧铺满员	Sleeping Compartments Fully Booked
181	无障碍候车室	Barrier-free Waiting Room
182	无障碍通道	Barrier-free Passage
183	无障碍卫生间	Barrier-free Restroom
184	吸烟有害健康	Smoking Damages Your Health
185	现在开始开包检查，谢谢您的合作。	Please have luggage ready for inspection. Thank you for your cooperation.
186	消防安全重点部位	Key Points for Fine Control
187	消防泵房	Fire Pump House
188	消防器材	Fire Equipment
189	消防应急照明灯	Emergency Light for Use in the Event of Fire
190	消火栓	Fire Hydrant
191	小心开水烫伤	Attention!Hot Water
192	小心慢行	Mind Your Step
193	小心站台间隙	Beware of Gap
194	小心站稳	Mind Your Step
195	行包房服务时间	Baggage Office Service Hours
196	行包营业厅	Left Luggage
197	行包重地，严禁烟火	Baggage Operators Area, No Open Fire
198	行包专用地道，旅客请勿进入	Baggage Operators Only, No Unauthorized Entry
199	行李包裹交付口	Baggage Delivery
200	行李包裹托运领取处	Baggage Check-in and Claim
201	需出具合法证明手续方可携带的危险品	Dangerous Goods Must be Accompanied by Valid Legal Documentation
202	学生窗口	Tickets for Students
203	学生候车室	Waiting Room for Students
204	严禁在寄存物品中夹带危险品	Dangerous Items Prohibited in Deposited Luggage
205	一次性座垫置放处	Disposable Cushion
206	应急承运通道	Urgent Baggage Delivery
207	应急售票处	Urgent Tickets
208	影视休息厅	Movie Lounge
209	由此出站	Way Out: Exit
210	由此进站	Way In
211	由此上车	Board Here
212	邮政通道，旅客禁行	Postal Service Tunnel, No Unauthorized Personnel
213	友情提示	Friendly Reminder
214	预售窗口	Ticket
215	运转车长专座	Reserved Seating for Train Operator
216	在此候车	Waiting Area
217	暂停使用	Temporarily out of Use
218	暂停作业	Temporarily out of Use
219	站长值班室	Station Master's Office
220	站房保洁处	Platform Cleaner's Room
221	站台	Platform

2　导向标志语言规范（中英文）列表

序号	引导揭示内容	英文翻译
222	正在检票	Checking in
223	直通列车	Through Train
224	值班站长接待处	Station Master's Service Desk
225	值班站长室	Station Master's Office
226	值班主任室	Director's Office
227	制动管风表	Brake Pressure Gauge
228	治安联防员座席	Reserved Seating for Train Security Guard
229	中/中央	Middle/Central
230	中国铁路送您一路温馨	China Railway Wishes You a Pleasant Journey
231	重点旅客候车区	Reserved Waiting Room
232	助残服务室	Service Contral for the Elderly and Disabled
233	祝您旅途愉快	Have a Pleasant Journey
234	祝您一路平安	Have a Pleasant Journey
235	祝您一路顺风	Have a Pleasant Journey
236	专用地道，旅客禁行	Special Purpose Channel, No Unauthorized Personnel
237	转动座椅时请将桌子折起。	Raise this table when turning seat around.
238	咨询电话	Telephone Inquiries
239	总风管表	Main Air Pipe Pressure Gauge
240	座便器清洁巾：使用后可以丢入马桶用水冲去。这不是擦手或擦脸的面巾。请不要接近烟火。	Disposable Toilet Seat Cover

以上内容引自运营监督 [2008] 256号《关于规范旅客车站车旅客引导揭示的通知》。

引用标准和规范

[1] GB/T 10001.1—2006 标志用公共信息图形符号 第1部分：通用符号
[2] GB/T 10001.2—2006 标志用公共信息图形符号 第2部分：旅游休闲符号
[3] GB/T 10001.3—2004 标志用公共信息图形符号 第3部分：客运与货运
[4] GB/T 10001.10—2007 标志用公共信息图形符号 第10部分：铁路客运符号
[5] GB/T 15566.1—2007 公共信息导向系统 设置原则与要求 第1部分：总则
[6] GB/T 15566.3—2007 公共信息导向系统 设置原则与要求 第3部分：铁路旅客车站
[7] GB/T 20501.1—2006 公共信息导向系统 要素的设计原则与要求
第1部分：图形标志及相关要素
[8] GB/T 20501.2—2006 公共信息导向系统 要素的设计原则与要求
第2部分：文字标志及相关要素
[9] GB/T 20501.3—2006 公共信息导向系统 要素的设计原则与要求
第3部分：平面示意图和信息板
[10] GB/T 2893.1—2004 图形符号 安全色和安全标志
第1部分：工作场所和公共区域中安全标志的设计原则
[11] GB/T 2894—1996 安全标志
[12] TB 10008—1999 铁路电力设计规范
[13] GB 50034—2004 建筑照明设计规范
[14] GB 50226—2007 铁路旅客车站建筑设计规范
[15] TB 10074—2007，J81—2008 铁路旅客车站客运信息系统设计规范
[16] 运营监督 [2008] 256号 关于规范旅客车站车旅客引导揭示的通知